D1730705

HUERGA & FIERRO
e d i t o r e s

Edición a cargo de Aurélie Maurin y Thomas Wohlfahrt
Herausgegeben von Aurélie Maurin und Thomas Wohlfahrt
Un proyecto de la Literaturwerkstatt Berlín y del Instituto Cervantes
Ein Projekt der Literaturwerkstatt Berlin und des Instituto Cervantes
Editado con el apoyo del Instituto Cervantes y del Goethe-Institut
Herausgegeben mit freundlicher Unterstützung durch das Instituto
Cervantes und das Goethe-Institut

Correctores de estilo / Lektorat: Isabel Aguirre Siemer / Aurélie Maurin

© 2006 Verlag das Wunderhorn, Rohrbacher Straße 18, D-69115 Heidelberg
www.wunderhorn.de
© 2006 Huerga y Fierro Editores, S.L., Vizcaya 4, E-28045 Madrid
www.huergayfierroeditores.com
© sobre los distintos textos, véase el anexo /
    für die einzelnen Texte siehe Anhang
© sobre las traducciones, los propios autores /
    für die Übersetzungen bei den Autorinnen und Autoren
Reservados todos los derechos / Alle Rechte vorbehalten
Diseño / Gestaltung: Holger Stüting, allstars *** design, Berlin
Impresión y producción / Druck und Herstellung:
Fuldaer Verlagsanstalt, Fulda
ISBN 3-88423-267-3 // 978-3-88423-267-5 (Deutschland)
ISBN 84-8374-606-9 (Spanien/España)

Las pequeñas diferencias que pueden observarse entre los textos recitados
(CD) y las versiones escritas, se deben a ulteriores adaptaciones de las
traducciones / Leichte Abweichungen zwischen Gehörtem und Geschriebe-
nem liegen in den Überarbeitungen der Übersetzungen begründet.

VERSschmuggel
Contrabando de VERSOS

Spanische und deutschsprachige Gedichte / Poemas en español y alemán

Armando Romero   Johannes Jansen
Ana María Rodas   Gregor Laschen
Vicente Luis Mora   Nico Bleutge
Raúl Zurita   Eugen Gomringer
Eduardo Milán   Elisabeth Wandeler-Deck
Clara Janés   Gerhard Falkner
Antonio Gamoneda   Harald Hartung
Fabio Morábito   Ulrike Draesner
Eugenio Montejo   Helwig Brunner
Silvana Franzetti   Monika Rinck
Carmen Ollé   Frank Schablewski
Juan Antonio Masoliver Ródenas   Christian Uetz

Herausgegeben von / Edición de
Aurélie Maurin und / y Thomas Wohlfahrt

Wunderhorn / Huerga y Fierro Editores

Índice / Inhalt

Vorwort

Vom spanisch-deutschen Verseschmuggeln

Was kommt heraus, wenn ein Dichter und sein genauester Gutachter, ein anderer Dichter, aufeinander treffen? In der Regel ein Gespräch über Dichtung. Wenn die beiden Dichter jeweils eine andere Sprache sprechen, wird das Gespräch Möglichkeiten des Übersetzens und Publizierens im jeweils anderen Sprachraum mit einschließen. Sprechen sie häufiger miteinander, begründet sich nicht selten ein Freundschaft, die, da sie ein großes gemeinsames Thema hat, womöglich ein Leben lang hält.

Im Frühsommer 2005 trafen beim Poesiefestival Berlin zwölf deutschsprachige Dichterinnen und Dichter aus Deutschland, Österreich und der Schweiz auf zwölf ihrer Kolleginnen und Kollegen aus der spanischsprachigen Welt; aus Spanien, Mexiko, Chile, Argentinien, Kolumbien, Uruguay, Guatemala, Venezuela und Peru, um sich gegenseitig zu übersetzen. Wie aber geht das, wenn man die Sprache des anderen doch gar nicht spricht?

Die Literaturwerkstatt Berlin und das Instituto Cervantes Berlin als Veranstalter hatten vorab Interlinearübersetzungen von jeweils 10 Gedichten eines jeden Dichters in die andere Sprache anfertigen lassen. Das war das Material, das zur Verfügung stand, und drei - vier Tage saßen und arbeiteten zwölf Dichterpaare an der poetischen Neufassung in der jeweils anderen Sprache. Dicke Wörterbücher lagen zwischen ihnen und wurden im Zweifelsfall befragt, vor allem aber war es der Dolmetscher, den jedes übersetzende Dichterpaar zur Verfügung hatte, der die Interaktion beim Neudichtens ermöglichte.

Diese übersetzten und somit neuen Dichtungen können sich sehen und hören lassen, sind sie von ihren Schöpfern doch autorisiert! In die Übersetzungen eingegangen sind auch die oftmals intimen Geschichten, die hinter den Worten und Versen liegen, und die sich die übersetzenden Dichter natürlich erzählt haben. Weil das alles wieder Form, also Vers werden mußte in der anderen Sprache, haben sich die Dichterinnen und Dichter in den Tagen des miteinander Arbeitens ihre Gedichte mehrfach vorgetragen und damit geprobt, was an zwei Abenden öffentlich vorgestellt wurde: Die Ergebnisse eines großen Übersetzungsworkshops, der ästhetisches wie menschliches Abenteuer

Prólogo

Del contrabando de versos hispano-alemán

¿Cuál es el resultado, cuando un poeta se topa con su más implacable examinador: otro poeta? Por regla general, conversan sobre poesía. Si ambos poetas hablan un idioma diferente, el diálogo incluirá la posibilidad de traducir y publicar su obra en el espacio lingüístico respectivo. Si se comunican con frecuencia, no rara vez crece una amistad que, visto que tienen un gran tema en común, puede durar toda la vida.

A principios del verano del año 2005 participaron en el Festival de Poesía en Berlín doce poetisas y poetas de habla germana y de origen alemán, austríaco y suizo, y otros doce del mundo hispano, originarios de España, México, Chile, Argentina, Colombia, Uruguay, Guatemala, Venezuela y Perú. Se reunieron para trasladar sus poemas de un idioma al otro. Pero, ¿cómo funciona eso, si uno no habla el idioma del otro?

La Literaturwerkstatt Berlín y el Instituto Cervantes de Berlín fueron los organizadores de este evento y encargaron previamente la traducción interlineal de diez poemas de cada autor. Este fue el material que se puso a disposición de las doce parejas de poetas, que se formaron para trabajar durante tres o cuatro días en una versión poética en el otro idioma. Había gruesos diccionarios que estaban disponibles y que se consultaron en casos de duda, pero fue sobre todo el intérprete de cada pareja de poetas traductores, quien hizo posible la interacción de la que surgió la nueva composición poética.

Estas traducciones y, por tanto, nuevas poesías, han sido autorizadas por los mismos poetas y se pueden ahora leer y oír. En ellas se han entrelazado historias íntimas que se esconden bajo las palabras y los versos, y que los poetas-traductores se fueron contando. Porque todo aquello tenía que adoptar otra vez la forma escrita, es decir, tenía que volver a ser verso en el otro idioma, las poetisas y los poetas se recitaban sus poemas durante los días de trabajo en común y así ensayaron lo que se presentó después al público en dos jornadas: el resultado de un gran taller de traducción que fue tanto una aventura estética como humana. El presente volúmen acumula estos resultados y nos permite participar en ambos conciertos lingüísticos vía CD, tal y como

in einem war. Der vorliegende Band präsentiert diese Ergebnisse und läßt uns via CD teilhaben an den beiden spanisch-deutschen Sprach-Konzerten, wie sie am 28. und 29. Juni 2005 in Berlin über die Bühne gegangen sind. Jeder Dichtung ist hier ihr Instrument, die Stimme des Dichters, beigegeben, die uns in die Lage versetzt, unser Lektüreerlebnis um den Klang von Versen in Sprachen zu erweitern.

Es ist der Poesie als eigenständiger Kunst nur angemessen, wenn sie medial gesehen doppelt auftritt; als zu Hörendes und zu Lesendes, denn es sind die im Geschriebenen verborgenen musikalischen Strukturen und Elemente, die ein Gedicht erst Dichtung werden lassen. Die CD macht hörbar, dass die Übersetzung von Poesie nicht ein der Grammatik gehorchender Vorgang ist, sondern eine musikalische Umsetzung, die wieder gute Dichtung werden will und somit nicht selten in Variationen auftritt. In jeder Konstellation haben die Dichter ihren eigenen Ton mit eingebracht in die Übersetzung und sich auf dem Weg zum guten neuen Gedicht somit die Freiheit genommen, die sie dafür brauchten. Verse-Schmuggeln geht eben nicht entlang geregelter Bahnen sondern ist ein komplexer Vorgang, der alle sprachliche Findigkeit erfordert, weil er an den strukturellen Hürden der anderen Sprache vorbei, bzw. sich damit arrangieren muss.

Je nachdem wie gezählt wird gilt Spanisch mit seinen über 400 Millionen Sprechern als die viertgrößte Sprache der Welt. Deutsch wird von etwa 100 Millionen Menschen gesprochen. Die jeweilige Dichtung hingegen ist im wesentlichen nicht bekannt. Mit dem vorliegenden Band ist also ein erster Schritt getan, zeitgenössische Dichtung zweier riesiger Sprachräume mit grundverschiedenen, aber jeweils großartigen ästhetischen Traditionen und eigenständigen Modernen einander näher zu bringen. Die Herausgeber sind sich bewußt, dass hier nur eine Orientierung gegeben werden kann, was im jeweils anderen Sprachraum als wichtige zeitgenössische Dichtung gilt, zumal verschiedenste kulturelle Zusammenhänge oder Brüche zwar unter dem Dach der gemeinsamen Sprache Platz haben, aber zu grundlegend verschiedenen Referenzen im jeweiligen gesellschaftspolitischen Raum geführt haben. Ein in Spanien entstandenes Gedicht verweist auf andere Zusammenhänge als ein Gedicht aus Lateinamerika oder der Karibik. Das gilt im deutschen Sprachraum nur bedingt.

se celebraron los días 28 y 29 de junio de 2005 en Berlín. A cada poema se añade su instrumento: la voz del poeta, que nos pone en condiciones de ampliar nuestra vivencia de lector con el sonido de los versos en distintos idiomas. La poesía como arte independiente alcanza su plena adecuación cuando se nos presenta, desde el punto de vista del medio, en su doble faceta: como algo que se escucha y algo que se lee, ya que las estructuras y los elementos musicales que transforman versos en poemas se ocultan en lo escrito. El CD nos revela de manera audible que la traducción de poesía no es un proceso basado en la gramática, sino que es una interpretación musical que pretende ser de nuevo buena poesía y se presenta, no raras veces, en variaciones. Los poetas han incluído su propia voz en la traducción y, de esa manera, se han tomado la libertad que necesitaban en la senda hacia un buen poema nuevo. Pues no se puede "Contrabandear Versos" mediante técnicas exactas y reguladas, sino que se trata de un proceso complejo que exige ingenio lingüístico para eludir las limitaciones estructurales del otro idioma y hallar una solución feliz.

Se cuenten como se cuenten, los más de 400 millones de hablantes del español, lo convierten en el cuarto idioma más hablado del mundo. Alrededor de 100 millones de personas hablan alemán. La poesía respectiva, en cambio, es esencialmente desconocida. Con el presente volúmen se ha efectuado un primer paso para acercar la poesía contemporánea de dos áreas lingüísticas enormes con diferentes pero grandiosas tradiciones estéticas y modernismos propios. Los editores son conscientes de que aquí sólo se puede dar una orientación de lo que se considera poesía contemporánea de gran importancia en cada espacio lingüístico, dado que los más distintos contextos o rupturas culturales se encuentran bajo el techo de un idioma común pero con referencias básicamente diversas en los respectivos espacios sociopolíticos. Un poema originado en España hace referencia a otro contexto que un poema de Latinoamérica o el Caribe. Lo mismo, con restricciones, se puede afirmar del espacio lingüístico alemán..

La colaboración entre la Literaturwerkstatt Berlín y el Instituto Cervantes, ha sido fabulosa. Otras muchas cooperaciones y acciones entrelazadas caracterizan el proyecto entero, como la realizada con el Instituto Goethe. Tiene un grandioso valor simbólico que este volúmen bilingüe, provisto de

Die Zusammenarbeit zwischen der Literaturwerkstatt Berlin und dem Instituto Cervantes Berlin war großartig. Andere Kooperationen und vernetztes Handeln, wie z.b. mit dem Goethe-Institut, kennzeichnen das gesamte Projekt. Von großartiger Symbolik ist es daher, dass dieser Band in einem Druckvorgang hergestellt, zweisprachig und ausgestattet mit zwei CD sowohl in Deutschland als auch in Spanien erscheint und in Europa wie Lateinamerika seine Leser und Hörer finden wird. Zur Handhabung sei gesagt, dass die Sprache des Originals, ob deutsch oder spanisch, stets auf der linken Buchseite, die der Übersetzung rechts zu lesen sein ist. Auch die CD folgen diesem Prinzip und präsentieren erst das Original im Vortrag und dann den gelesenen übersetzten Text.

Aurélie Maurin und Thomas Wohlfahrt

dos CDs, producido en un mismo proceso de imprenta, se publique tanto en Alemania como en España y estamos seguros de que encontrará lectores y oyentes en toda Europa y Latinoamérica. De cara a una lectura adecuada de este libro, debe decirse que la versión original, sea alemana o castellana, se encontrará siempre en la página izquierda, y la versión traducida en la página derecha. En los CDs se mantiene el mismo procedimiento: se presenta primero la versión original y después se leen las traducciones.

Aurélie Maurin y Thomas Wohlfahrt

Prólogo

En junio de 2005 Literaturwerkstatt Berlin y el Instituto Cervantes en Berlín reunieron a 12 poetas de lengua española con 12 poetas de lengua alemana, todos ellos de estéticas y poéticas distintas, pero afines entre sí por uno u otro motivo, para traducirse unos a otros por parejas. Las páginas que siguen, presentadas como lecturas al público en el programa monográfico que el Festival Internacional de Poesía de Berlín, dedicó a la poesía en lengua española en 2005, son el resultado de ese esfuerzo y atestiguan cómo la inconfundible diversidad de la creación poética de una y otra lengua puede encontrar vías de expresión que posibilitan y amplían la comprensión poética recíproca.

El modo concreto de desafiar los límites de la traducibilidad en poesía que plantea este proyecto es completamente singular, como lo es la presente iniciativa editorial: ésta es la primera antología poética bilingüe que se propone tal objetivo de fondo. Pero estas páginas son también una antología excepcional de poesía y traducción poética actual en lengua española y alemana. Los poetas-traductores de ambas lenguas aquí reunidos forman un mosaico inusitadamente amplio de creación y comprensión poética. Doce grandes poetas castellanos, procedentes de Chile, Venezuela, Perú, Guatemala, Colombia, Argentina, México, Uruguay y España, vertidos al alemán por doce de sus pares alemanes, suizos y austriacos y viceversa. Todos juntos son una síntesis ideal de ideas y desafíos a los que se ha enfrentado la poesía de los últimos años: un fragmento extraordinario de esa dimensión poética de la existencia que, según Hölderlin, caracteriza a lo humano.

Ignacio Olmos, Director del Instituto Cervantes Berlín

Vorwort

Im Juni 2005 brachten die Literaturwerkstatt Berlin und das Instituto Cervantes Berlin 12 deutschsprachige und 12 spanischsprachige Dichterinnen und Dichter zu einem Übersetzerworkshop zusammen. Trotz aller Unterschiede in ihrer Ästhetik und ihrem Schreiben, gab es zwischen den jeweiligen Paaren doch immer auch ein verbindendes Band. Die folgenden Seiten sind das Resultat dieser intensiven Arbeit und belegen eindrucksvoll, wie die unverwechselbare Vielfalt poetischen Schaffens in unterschiedlichen Sprachen doch immer wieder Wege findet, die das wechselseitige Verständnis ermöglichen und sogar erweitern. Eine öffentliche Lesung der Workshopergebnisse fand bereits im Rahmen des Fokus *Die spanischsprachige Welt des poesiefestivals berlin 2005* statt.

Die konkrete Form, mit der den Grenzen der Übersetzbarkeit von Poesie die Stirn geboten wurde, ist ebenso einzigartig wie das vorliegende Buch. Es handelt sich um die erste zweisprachige Gedichtanthologie, die diesen Anspruch so gründlich verfolgt und zugleich um eine außergewöhnliche Sammlung zeitgenössischer spanischsprachiger und deutscher Dichtung. Die hier vereinten dichtenden Übersetzer bilden ein ungewöhnlich breitgefächertes Mosaik von dichterischem Verständnis und Schaffen. Die Texte zwölf großer spanischsprachiger Dichter aus Chile, Venezuela, Peru, Guatemala, Kolumbien, Argentinien, Mexiko, Uruguay und Spanien, wurden von ihren deutschen, schweizerischen und österreichischen Kollegen ins Deutsche übertragen und umgekehrt. Gemeinsam bilden sie einen wunderbaren Einblick in die Ideen und Herausforderungen, denen sich die Poesie der letzten Jahre gestellt hat. Diese Anthologie ist ein einzigartiges Beispiel für jene poetische Dimension der Existenz, die, so Hölderlin, das Menschliche auszeichnet.

Ignacio Olmos, Direktor des Instituto Cervantes Berlin

Danksagungen

Die Anthologie VERSschmuggel wurde möglich Dank großzügiger Unterstützung durch das Goethe-Institut.

Die Übersetzungswerkstatt war eine Zusammenarbeit von der Literaturwerkstatt Berlin und dem Instituto Cervantes und wurde gefördert durch die Kulturstiftung des Bundes sowie die Pro Helvetia Schweizer Kulturstiftung. Die Herausgeber möchten sich sehr herzlich bedanken bei allen Dolmetschern und Interlinearübersetzern*, die das gemeinsame Arbeiten der Dichter untereinander ermöglichten und bei allen, die beratend oder unmittelbar an der Realisierung dieses Projekt mitgewirkt haben: Michael Gaeb und Dr. Friedhelm Schmidt-Welle für die beratende Hilfe, Dr. Dieter Ingenschay für die Moderation, Michael Mechner für die Tonaufnahmen.

Wir danken unserer Kollegin Isabel Aguirre Siemer äußerst herzlich. Ihr hervorragendes Engagement und ihre Begeisterung haben das Gelingen des Projektes in jeder Hinsicht sehr befördert.

Unser besonderer Dank gilt Ignacio Olmos, dem Leiter des Instituto Cervantes in Berlin, und all seinen Mitarbeiterinnen und Mitarbeitern, insbesondere Dr. Gonzalo del Puerto, Leiter dessen Kulturabteilung.

Den Verlegern Manfred Metzner, Verlag das Wunderhorn (Heidelberg) und Antonio Huerga, Huerga & Fierro Editores (Madrid) sei besonders auch dafür gedankt, dass sie das Projekt von Anfang an begleitet und unterstützt haben.

Wir möchten uns auch bei folgenden Institutionen bedanken, die Arbeitsräume für die Werkstatt zur Verfügung gestellt haben: Deutsche Gesellschaft für technische Zusammenarbeit (GTZ) GmbH, Instituto Cervantes, Keiki Communication, Tandem Berlin e.V.

Nicht zuletzt sei allen Mitarbeiterinnen und Mitarbeitern der Literaturwerkstatt Berlin für all die Unterstützung in allen Details gedankt, die bedacht und umgesetzt sein müssen, soll etwas gut zum Abschluss kommen. Vor allem aber danken wir den beteiligten Dichterinnen und Dichtern sehr herzlich dafür, dass sie sich den Mühen und Abenteuern des Übersetzens gestellt haben.

* Die Interlinearübersetzungen wurden angefertigt von:
  Isabel Aguirre Siemer, Timo Berger, Juana Burghardt, Tobias Burghardt, Teresa Delgado,
  Odile Kennel, Ariel Magnus, Cecilia Pavón, Susana Romano

Agradecimientos

Este proyecto ha sido una cooperación entre la Literaturwerkstatt Berlín y el Instituto Cervantes de Berlín. Ha recibido subvenciones de la Fundación Cultural de los Estados Federales y de Pro Helvetia - Fundación cultural suiza. La publicación de la antología de VERSschmuggel / Contrabando de Versos ha sido posible gracias, entre otros, al apoyo generoso del Goethe-Institut.
Queremos agradecer efusivamente a todos los intérpretes y los traductores interlineales*, que hicieron posible el trabajo en común de los poetas y a todos aquellos que tuvieron parte en la realización de este proyecto, sea a través de sus consejos o de manera directa: a Michael Gaeb y Dr. Friedhelm Schmidt-Welle por su asesoramiento, al Prof. Dr. Dieter Ingenschay por la presentación y moderación de las jornadas, a Michael Mechner por las grabaciones de audio.
Damos las gracias más cordiales a Isabel Aguirre Siemer. Su destacada colaboración y su entusiasmo han fomentado a todas luces el éxito del proyecto.
A los editores Manfred Metzner, Editorial Das Wunderhorn (Heidelberg) y Antonio Huerga, Huerga & Fierro Editores (Madrid) agradecemos en especial el haber acompañado y apoyado el proyecto desde sus inicios.
También queremos agradecer a las siguientes instituciones por haber puesto sus aulas a disposición del taller de traducción: Deutsche Gesellschaft für technische Zusammenarbeit (GTZ) GmbH, Keiki Communication, Tandem Berlin e.V.
No en último lugar queremos dar las gracias a todos los colaboradores de la Literaturwerkstatt Berlín y del Instituto Cervantes de Berlín por su apoyo en todos los detalles que hacen que un proyecto como este llegue a buen puerto.
Pero sobre todo, agradecemos cordialmente a las autoras y los autores por su esfuerzo en la aventura de esta traducción.

---

* Las traducciones interlineales fueron elaboradas por:

Isabel Aguirre Siemer, Timo Berger, Juana Burghardt, Tobias Burghardt, Teresa Delgado, Odile Kennel, Ariel Magnus, Cecilia Pavón, Susana Romano

Versschmuggel

Der nunmehr vorliegende zweisprachige Band vereinigt Gedichte von zwölf deutschen und zwölf spanischsprachigen Dichterinnen und Dichtern. Diese Gedichte haben sozusagen den Prozess einer Neu- bzw. Wiedergeburt durchlaufen. Die Dichterinnen und Dichter haben sich ihre Werke nämlich nicht nur gegenseitig übersetzt, sondern während einer intensiven einwöchigen Zusammenarbeit gewissermaßen nachgedichtet, neu geschaffen. Die Herausforderung dabei war, trotz aller Unterschiedlichkeit der ästhetischen Orientierungen und des Formverständnisses der *Melopoeia* und *Logopoeia* des jeweils ursprünglichen Gedichts eine eigene Schwingung zu verleihen. Für diesen Vorgang den Begriff „Versschmuggel" zu wählen ist sicher nicht abwegig; geht es doch um eine Form des Über-Setzens jenseits der herkömmlichen Pfade. Die gegenseitige Übersetzung ist ein poetischer Akt eigener Qualität. Hervorgebracht wird etwas Neues.

Das Goethe-Institut fördert solche Prozesse der interkulturellen und künstlerischen Zusammenarbeit. Dies gilt für gemeinsame Veranstaltungen mit den beteiligten deutschen und spanischsprachigen Poetinnen und Poeten aber auch für die konkrete Unterstützung der Übersetzung (www.goethe.de/uebersetzungsfoerderung). Es wünscht der nunmehr vorliegenden deutsch- und spanischsprachigen Anthologie eine angemessene Verbreitung und empathische Aufnahme.

Clemens-Peter Haase
Leiter des Bereichs
Literatur und Übersetzungsförderung des Goethe-Instituts, München

Contrabando de Versos

El volumen bilingüe que aquí se presenta reúne poemas de doce poetisas y poetas de habla alemana y doce de habla hispana. Estos poemas han recorrido, por así decirlo, el proceso de un nuevo nacimiento, o sea un renacimiento. Las poetisas y los poetas no sólo han traducido mutuamente sus obras, sino que hasta cierto punto han compuesto y creado de nuevo su obra en una intensa colaboración durante 3 días. El desafío fue la intención de dar a la *Melopoeia* y *Logopoeia* del respectivo poema original su propia oscilación, a pesar de las diferencias en la orientación estética y en el concepto de forma. Elegir para este proceso el término de "Contrabando de Versos" no es desacertado, visto que se trata de una manera de traducir más allá de los senderos convencionales. La traducción recíproca es un acto poético de calidad propia. Se produce algo nuevo.

El Instituto Goethe fomenta estos procesos de cooperación intercultural y artística. Este apoyo no se extiende solamente a actividades culturales comunes como esta entre poetas hispanohablantes y alemanes, sino en este caso también a la traducción de sus resultados (www.goethe.de/uebersetzungsfoerderung). Deseamos que esta antología en alemán y en castellano tenga una gran divulgación y una recepción ilusionada.

Clemens-Peter Haase
Director de Sección
Subvención de Literatura y Ayudas a la Traducción de Goethe-Institut, Múnich

Armando Romero / Johannes Jansen

Armando Romero

Strip-Tease
A Eduardo Espina

A veces pienso que la vida lo va desnudando a uno. Yo, por lo menos, me he quedado sin ese zapato que caminó por la avenida séptima de Bogotá una noche salida del interior de un tiempo adelgazado por las esperas; la chaqueta de cuero, de origen dudoso, se despedazó contra el respaldar del bar donde el bohemio infiel empalidecía de aguardiente todas las noches; una camisa que no había pintado Rolf, el alemán, acabó como trapo sucio en un apartamento de Valle Abajo; mis pantalones de vaquero murieron congelados en los páramos de Mérida todavía con la bragueta en perfectas condiciones; un roto de bala en el pecho tenía la camiseta a rayas cuando la perdí de vista en Puerto La Cruz; los pantaloncillos terminaron haciendo cama para Agapi, la gata blanca de Sebucán. Es extraña esta vida que nos desnuda y nos viste de otro, tiempo tras tiempo.

Armando Romero / Johannes Jansen

Strip-Tease
für Eduardo Espina

Manchmal denke ich, dass das Leben einen nach und nach entblößt. Ich, zumindest, habe jenen Schuh verloren, der die siebte Avenida von Bogotá entlangging in einer Nacht, die dem Innern einer durch das Warten verzehrten Zeit entsprungen war; die Lederjacke, von zweifelhafter Herkunft, riss am Tresen der Bar, wo der untreue Bohemien jede Nacht vom Schnaps erbleichte; ein Hemd, das Rolf, der Deutsche, nicht bemalt hatte, endete als schmutziger Lumpen in einer Wohnung in Valle Abajo; meine Jeans erfroren in den Öden von Mérida der Hosenschlitz noch in perfektem Zustand; ein Durchschussloch über der Brust hatte das gestreifte T-Shirt, als ich es in Puerto La Cruz aus den Augen verlor; die kurzen Hosen dienten schließlich als Bett für Agapi, die weiße Katze aus Sebucán. Es ist seltsam dieses Leben, das uns entblößt und uns von Zeit zu Zeit als Anderer kleidet.

Armando Romero

Trabajos del poeta
A Martha Canfield

Deja el poeta la página desnuda
sobre la mesa de la cocina
y de improviso
viene el aceite a tocarla,
un olor a cebolla
se le impregna,
el borde marrón
de una taza de café
traza un intento de anillo,
un gato juguetea
con sus bordes,
un hombre solitario
pasa por la ventana
y la mira,
una mujer
con delantal de fiesta
escribe cuatro palabras:
alcauciles, espinacas,
uvas, tomates,
unos niños hacen
un pequeño avión
y lo tiran por la ventana.
¿Dónde está la lista?
Pregunta ella.
¿Dónde está el poema?
Pregunta él.
Así trabajaba
Don Pablo
por las mañanas.

Armando Romero / Johannes Jansen

Die Arbeit des Dichters
für Martha Canfield

Der Dichter hinterlässt ein leeres Blatt
auf dem Küchentisch
und unerwartet
kommt das Öl, um es zu verletzen,
so wird es vom Geruch der Zwiebeln
imprägniert,
der braune Rand
einer Kaffeetasse
ist der Versuch einer Rundung,
und eine Katze spielt
mit den Rändern des Blatts,
ein einsamer Mann
geht am Fenster vorbei
und betrachtet es,
eine Frau
mit einer Feiertagsschürze
schreibt vier Wörter:
Artischocken, Spinat,
Trauben, Tomaten,
ein paar Kinder falten
ein kleines Flugzeug
und werfen es zum Fenster hinaus
Wo ist die Liste?
Fragt die Frau.
Wo das Gedicht?
Fragt er.
So arbeitete
Don Pablo
am Morgen.

Johannes Jansen

Mir träumte...

Mir träumte, irgendein Führer spricht: Eben erwacht will ich nun Macht haben. Ich verlange alle Macht der Welt, die mir das Recht gibt, sagen zu können: Zeigt mir nun endlich, daß ihr zufrieden seid. Wenn ich nachher hier raus gehe, will ich Euch lachen sehen. Unruhig ruhen die seinen in seinem Bunker. Auch ich bin darunter.

Me he soñado...

Me he soñado que un líder exclama: Al despertarme quiero ya tener poder. Todo el poder del mundo exijo para decir con derecho: Déjenme ver que están contentos. Cuando salga de aquí, quiero verlos reír. En su bunker sin paz descansa su gente. No hay duda que entre ellos me encuentre.

Johannes Jansen

Komm...

KOMM
WIR WOLLEN UNS
BRAUCHEN
WIE ES KEINER
WISSEN KONNTE
IN DIESER STADT
SIND MEINE TRÄUME
DEIN GEGENÜBER
BIN ICH
BEISAMMEN GEBLIEBEN
UND DU
HINTER DEN ANDERN
VORAUS

Johannes Jansen / Armando Romero

Ven...

VEN
NOS QUEREMOS
NECESITAR
COMO NADIE
PODÍA SABER
EN ESTA CIUDAD
MIS SUEÑOS
SE ABREN
FRENTE A TÍ
SOY YO
QUIEN QUEDÓ
ÍNTEGRO
Y TÚ
ATRÁS
FRENTE
A LOS DEMÁS

Johannes Jansen

Ich gehe eine Straße entlang...

Ich gehe eine Straße entlang als ginge ich eine Straße entlang mit Nichts im Kopf, außer mich auf dieser Straße zu denken. Und doch ist es ein Kreuzweg, der mich beschäftigt. Dieses Gefühl der eigenen Nacktheit gegenüber allen und vor allem gegenüber dem eigenen Abgrund, so daß meine Suche nach Formen in einen Strudel gerät. Nicht ich finde oder bestimme die Form. Sie wächst heraus aus dem Verschleiß meiner Existenz. Alles was mir begegnet ist dazu angetan, mich versunken zu machen. So bin ich auf offenem Meer. Das einzige was mich hält ist die Erinnerung an jene Richtung, aus der ich gekommen bin: das Kind mit der Freude an traurigen Geschichten. Seit damals befangen in diesem Spiel, einer traurigen Jonglage. Wenn wenig zu sehen ist und wenn es schwer war, das heißt, wenn es viel Trauer gebracht hat, dann ist es gut. Man kann sagen, dass man nicht mitwächst.

A lo largo de una calle camino...

A lo largo de una calle camino como si caminara a lo largo de una calle, nada en la cabeza, sólo pensarme en esta calle. Sin embargo, es una encrucijada lo que me ocupa. Esta sensación de la propia desnudez frente a todos y además frente al propio abismo. Así mi búsqueda de formas cae en un remolino. No soy yo el que encuentra o decide la forma. Ella surge del uso de mi existencia. Todo lo que encuentro viene a abismarme. Estoy a mar abierto. Me sostiene sólo el recuerdo de aquella dirección, de la que he venido: el niño que se alegra con las historias tristes. Adentro y siempre en este juego de triste malabarismo. Cuando queda poco para ver y resulta difícil, es decir, cuando deja mucha tristeza, entonces está bien. Así permanece mientras crecemos.

Armando Romero sobre/über Johannes Jansen

Participar en el Festival de Poesía de Berlín fue para mí una experiencia vital maravillosa. La idea misma del Festival, que une, a través de la poesía, los grandes ríos de las diversas culturas con la cultura alemana, es un gigantesco paso en la dirección de rescate y defensa de la palabra, en la busca de ese ser universal que se encarna en el poeta y su lector, y que al entrelazar sus versos con los de los otros poetas hermanos, contribuye a que todos nos liberemos de la enfermedad de los nacionalismos, de los partidismos, de las falsas direcciones impuestas por los poderes de turno. A pesar de mi gran amor siempre por la cultura alemana, por su poesía, sus artes y su filosofía, nunca había estado en Alemania, así que el Festival fue más que revelador, iluminante. Decidí, con mi esposa, recorrer un poco el país antes del Festival en Berlín, así que fui al norte, a Lubeck y a Hamburgo por unos días. Decisión profundamente acertada, que me permitió entrar en contacto directo con el pueblo alemán, con el ir y hacer de sus costumbres, con la acogedora y elegante distancia de su arquitectura, con la proximidad del diálogo casual o la charla inteligente.

Trabajar en equipo con Johannes Jansen, poeta, y Timo Berger, traductor, fue asimismo una experiencia única, reveladora. Ya fuese en un viejo edificio de una antigua fábrica cervecera, o en un bar, o caminando por las calles, unimos nuestros esfuerzos para ir desentrañando desde el alemán y el español el encanto y sentido de nuestros versos, vistos desde el otro lado del lenguaje original. Esfuerzo de alquimistas llevando a la luz del alemán o el español, lo que antes era materia desconocida, impenetrable. Traer al español la acerada, incisiva fuerza y belleza de los poemas de Jansen fue una tarea ardua, y sólo la conseguí gracias a la inteligencia poética y al conocimiento profundo de ambas lenguas que tiene Timo Berger, poeta él también, quien hizo de traductor intermediario.

Todo el Festival fue una fiesta gracias a la amabilidad y diligencia de los anfitriones, a quienes mucho agradezco, en especial a Aurélie Maurin y a Isabel Aguirre, y a todos los que con tanto amor y amabilidad nos acompañaron en esos hermosos días.

Am Poesiefestival Berlin teilzunehmen, war für mich eine wunderbare Lebenserfahrung. Schon der Gedanke des Festivals, dass durch die Poesie die großen Strömungen der verschiedenen Kulturen mit der deutschen Kultur vereint, stellt einen enormen Schritt in Richtung der Rettung und Verteidigung des Wortes dar, auf der Suche nach einem universalen Sein, das im Dichter und seinem Leser Fleisch wird und das beim Verknüpfen seiner Verse mit denen anderer verbrüderter Dichter dazu beiträgt, dass wir alle frei werden von der Krankheit der Nationalismen, der Parteilichkeit, der falschen Richtungen, die von den wechselnden Machtstrukturen auferlegt werden.

Trotz meiner großen Liebe für die deutsche Kultur, wegen ihrer Poesie, ihrer Künste und ihrer Philosophie, bin ich vorher nie in Deutschland gewesen, so dass das Festival mehr als aufschlussreich, vielmehr erleuchtend für mich war. Ich beschloss mit meiner Frau das Land vor dem Poesiefestival zu bereisen, so fuhr ich für einige Tage in den Norden nach Lübeck und Hamburg. Eine sehr gute Entscheidung, die es mir ermöglichte in direkten Kontakt mit Deutschen zu treten, mit den Eigenschaften ihrer Bräuche, mit der warmen und eleganten Distanz ihrer Architektur, mit der Nähe von zwanglosem Dialog und intelligentem Gespräch.

Die Teamarbeit mit Johannes Jansen, Dichter, und Timo Berger, Übersetzer, war eine ebenso einzigartige wie aufschlussreiche Erfahrung. Sei es in einem alten Gebäude einer ehemaligen Bierbrauerei, in einer Bar oder auf Spaziergängen durch die Straßen, wir vereinten unsere Bemühungen, um aus dem Deutschen und Spanischen den Zauber und den Sinn unserer Verse zu ergründen, betrachtet aus der anderen Perspektive gegenüber dem Original. Ein Kraftakt von Alchimisten, die in den deutschen oder spanischen Raum das trugen, was vorher unbekannte, undurchdringliche Materie war. Die stählerne und schneidende Kraft und Schönheit der Gedichte von Jansen ins Spanische zu transportieren, stellte eine beschwerliche Aufgabe dar und ich bewältige sie nur dank der lyrischen Intelligenz von Timo Berger und seinen tiefen Kenntnissen beider Sprachen, auch er ein Dichter, der als vermittelnder Dolmetscher fungierte.

Das gesamte Festival war, dank der Liebenswürdigkeit und Sorgfalt der Gastgeber eine Feier, insbesondere möchte ich Aurélie Maurin, Isabel Aguirre und all denen, die uns mit so viel Liebe und Liebenswürdigkeit in diesen großartigen Tagen begleitet haben, danken.

Johannes Jansen über/sobre Armando Romero

Während der Zusammenarbeit, die sehr harmonisch verlief und auch nicht ohne Witz war, da wir ja die Sprache des jeweils anderen nicht beherrschten, stellten wir fest, dass wir beide kein Abitur haben. Dies war uns eine befreiende Feststellung. Während wir uns in der Befreiung durch diese Feststellung sonnten, haben unsere anwesenden Frauen unseren Text übersetzt.

Durante el trabajo en común, que transcurrió muy harmónicamente y sin falta de humor, visto que no dominábamos el idioma del otro, nos dimos cuenta de que ninguno de los dos había hecho el bachillerato. Este fue para nosotros un descubrimiento aliviante. Mientras nos soleábamos en el alivio de este descubrimiento, nuestras esposas - que estaban presentes - traducían nuestro texto.

Ana María Rodas / Gregor Laschen

Ana María Rodas

Absoluta

Subió a los infiernos y está sentada
a la diestra de sí misma
tiene en la mano empuñada
    una pluma
y no sonríe ni espera la resurrección de un muerto

Ana María Rodas / Gregor Laschen

Die alles kann

Sie stieg empor in die Unterwelt und sitzt
rechts neben sich
Sie hält in der geschlossenen Hand
die Feder
und lächelt nicht noch wartet sie des Toten Auferstehung ab

Ana María Rodas

Carretera 66

Allí está para irme por ella con las misteriosas sombras de
caballos entre el pasto
/lejos de este tormento/
Si la pasión es una debilidad
cuán débil
apoyada en las pasiones
mi vida

Mi vida abierta las veinticuatro horas al público
acentuada por maullidos de gata roja boca
entre escenas de apaleados y misteriosas lupas
rozando los periódicos

Mi vida una ruta sobre papeles sobre asfalto
imágenes viejas desleídas en agua
casas de rojo ladrillo
letreros de neón
viejos carros   guitarras
sonando en vetustos bares de madera
                        oscuridades
                        sonidos sofocados
hombres de cabellos largos
sombreros

Veinticuatro horas abierta al público esta pesadilla
un viejo Cadillac reconstruido
pasa por encima de mis sueños

Ana María Rodas / Gregor Laschen

Carretera 66

Da ist sie, ich auf ihr, mit den geheimen Schatten
der Pferde die Weiden durchstreifend
(weit weg von dieser Qual)
wenn Leidenschaft Schwäche ist
wie schwach
gebunden an Leidenschaft
mein Leben

Mein Leben offen fürs Publikum 24 Stunden am Tag
mit dem Gemaunze der Katzen, roter Mund
mitten im Bild Geprügelte und geheime Lupen,
die die Zeitungen durchstreifen

Mein Leben ein Weg übers Papier über den Asphalt
die alten Bilder, im Wasser gelöst
Häuser mit roten Ziegeln
Neonschilder
alte Autos   Gitarren,
die in sehr alten Kneipen aus Holz klingen
Dunkles,
gedämpfte Töne
Männer mit langem Haar
Sombreros

Dieser Alptraum ist offen fürs Publikum 24 Stunden am Tag
ein alter zusammengeflickter Cadillac
fährt über meine Träume hinweg

Ana María Rodas

Dónde te has escondido ...

Dónde te has escondido en este tiempo?
Bajo tus mismas faldas
Enfundada en tu propia fortaleza negaste la evidencia
        qué evidencia
puede haber si no vas a un entierro?

Quién ha muerto en esta eterna primavera?
Quién puede morir en este lugar de cielos y volcanes
que se reflejan siempre en los maizales verdes?

Soy la superviviente La que cerró los ojos
y se llenó las orejas con cera
La que pasó junto a las rocas sin escuchar las voces
Ciega por propia voluntad para evitar la visión de los buitres
 limpiándose los picos en los huesos

Ana María Rodas / Gregor Laschen

Wo hast du gesteckt...

Wo hast du gesteckt, zu jener Zeit?
Immer unterm selben Rock,
eingerollt in dich, deine eigne hast du, was offenbar war, verdrängt
                was ist
offenbarer als wenn du nicht zu der Beerdigung gehst?

wer starb in jenem ewigen Frühling?
wer konnte sterben hier bei Himmel und Vulkan,
für immer abgespiegelt im Grün des Maisfelds?

Ich bin die überlebt hat Die mit den geschlossenen Augen
Und dem Wachs in den Ohren
Die an den Felsen vorüberging, die Stimmen überhörend
Zum Blindsein entschlossen, dem Anblick der Aasgeier zu entgehn,
 die ihre Schnäbel an den Knochen putzen

Gregor Laschen

Ulrike Meinhofs Gehirn

(Das, was quer-
steht in der strudelnden
Geschichte, Strudel bildet, nicht
mehr spricht und Leben war, das
untergeht: und letzte
Hand anlegt, selbstbesonnen,
fremd zuletzt sich selbst,
bei sich.)

Dieses verletzte Gehirn, in
aller Stille am Ende dem
Schädel entnommen, verborgen
ein Jahrhundertviertel lang
in Heimlichkeit und Formalin,
und fremden Händen,
Augen, Atem ausgesetzt:

Begraben jetzt
in aller Stille
neben ihrem Grab.

Gregor Laschen / Ana María Rodas

El cerebro de Ulrike Meinhof

(Eso que atra-
viesa los remolinos
de la historia forma espirales, no
habla más pero fue vida, eso
se desploma: y pone un
punto final, autorreflexivo,
ajeno por último a sí mismo,
a su lado.)

Este cerebro adolorido
extraído del cráneo
en el más grande de los silencios
escondido durante un cuarto de siglo
entre el secreto y el formol
y expuesto a extrañas manos,
ojos, respiraciones

Enterrado ahora
en el mayor silencio
junto a la tumba de ella

Gregor Laschen

I Das Meer

Auch hier, reine Figur, das
rhythmische Ein-, das Ausatmen
einer großen Form: leg dich
zu ihr, in ihre dunkle
Gültigkeit, die dich freispricht
von deines Unglücks Strophen.

II Das Meer (Ausschnitt)

Vorn bis an den Rand, den ausgeglühten Rahmen
ist brockweis die ausgeworfne Lava vorgebaut,
ein Wall, ein Riff die Festung, in der was hängenblieb
vom weißen aufgeschlagnen Schaum, der weit
vom Horizont heran, vom Sturm gerollt getrieben kam,
die kleine Zone Weiß im Mittelteil zu bilden, aus dem
noch einmal, ganz beruhigt, ganz von unten sehr allein
die Lavaköpfe stehen, die die Gischt hochziehen,
wieder fallenlassen wie im Flug die großen Möwen
den zu großen Fisch, untreues Herz den alten Ring.
Dahinter Grau und für das teilnahmslose Auge eine
wellenlose Glätte, Doppelleben im Griff
des Horizonts, darüber aufgehängt wie reihweis
ausgestoßen paar ausgezehrte Wolken, die sich nicht
mehr paaren. Die junge Frau blüht weiter außerhalb
des Bildes in einer andren Landschaft, anderem Geruch.

Gregor Laschen / Ana María Rodas

El mar (Fragmento I)

Aún aquí, pura figura, el
rítmico in-, el espirar
de una gran forma: recuéstate
junto a ella, en su oscura
validez, que te absuelve
de las estrofas de la infelicidad.

El mar (Fragmento II)

Adelante, hasta el borde, hasta el enfriado borde
al que se le edificó en trozos de lava
una muralla con arrecife, la fortaleza, donde quedó colgado
algo de la espuma batida, que desde lejos,
desde el horizonte, enrollada, empujada por la tormenta
vino a crear esa pequeña zona blanca en el medio, de la que
una vez más, muy calmadas, bien desde abajo, muy solas
las cabezas de lava se levantan,
las inmensas gaviotas dejan caer como en vuelo
los peces demasiado grandes, el corazón infiel, el viejo anillo.
Detrás, gris y para el ojo indiferente sólo
lisuras sin olas, la doble vida en el doblez
del horizonte, colgando como hechas
en serie un par de extenuadas nubes, que ya no
se aparean. La mujer joven sigue floreciendo afuera
del cuadro en otro paisaje, en otro aroma.

Ana María Rodas

Sentada frente a un poeta

para Gregorio Laschen

La mirada atraviesa el gris tablero de la mesa
para encontrarse
con unas manos del más calido color
acariciando suavemente los versos

Un poco hacia arriba, suspendidos
                    polvo del Norte
sobre el sólido cuerpo
los rizos acerados cubren un mundo de lagos extranjeros
de adiamantadas noches invernales
de ajenos bichos de alabastro
de simas infernales a donde eran lanzadas las mujeres infieles
de graves reflexiones sobre el estado del Universo

No encuentro las palabras que describen
su enorme humanidad
el sencillo dolor que agujerea su cuello
la capacidad de sonreír desde esas manos
con las que va hilvanando mis palabras de hace años
pintándolas en un idioma diferente

29.6.05

Ana María Rodas

Einem Dichter gegenüber sitzend

für Gregor Laschen

Über das graue Holz des Tischs schweift der Blick
um auf Hände zu stoßen, Hände von der Farbe des Sommers
die sanft und sacht über die Verse streichen

schwebend, etwas weiter oben
                    Staub des Nordens
über dem standhaften Körper
verdecken gestählte Locken eine Welt ausländischer Seen
diamantfunkelnder Winternächte
fremder Tierchen aus Alabaster
unheimlicher Höllenspalten, in die man untreue Frauen warf
tiefer Gedanken über den Lauf des Universums

Ich finde keine Worte, die beschrieben
seine gewaltige Menschlichkeit
den bescheidenen Schmerz, der seinen Hals durchsticht
die Gabe zu Lächeln von jenen Händen aus
mit denen er seit Jahren meine Worte aufreiht
und anstreicht in einer anderen Sprache

übertragen und nachgedichtet von Timo Berger
(für die Buchausgabe wurde dieses Gedicht von der Autorin nachgereicht)

47

Ana María Rodas sobre/über Gregor Laschen

No pude haber tenido un mejor compañero que Gregor Laschen en la tarea de contrabandear poesía de un idioma a otro; además, internarme en la belleza profunda de su obra, descubrir los ritmos internos, los motivos secretos de cada poema, fue un aprendizaje maravilloso. Es un inmenso poeta y un ser humano integral.

Ich hätte keinen besseren Partner als Gregor Laschen für die Aufgabe, Poesie von einer Sprache in die andere zu schmuggeln, haben können; außerdem, war die Möglichkeit in die tiefe Schönheit seines Werks einzudringen, die internen Rhythmen, die geheimen Motive jedes einzelnen Gedichts zu entdecken eine wunderbare Lehre. Er ist ein überaus großer Dichter und ein vollkommener Mensch.

Gregor Laschen über/sobre Ana María Rodas

Wie schön das war, die Signale des fremden Gedichts – im unmittelbaren Gegenüber-Gespräch (und im Schweigen über das Gehörte, in der tief und sicher greifenden Nachdenklichkeit) – *richtig* wahrgenommen zu haben: so erfuhr ich das mit Ana María Rodas Textkörper, so sie mit dem meinen: den Alabasteraffen aus dem Museum in Mexiko erkannte sie sofort als das Leidens- und Freiheitssymbol Südamerikas und das mein Text das verstand, die verborgene Liebestragödie in "Das Meer (Ausschnitt)" rührte sie tief an so wie mich der ungeheure Mut dieser Dichterin, die ihren Text in einer – auch politisch – gewalttätigen Männerwelt behauptet. Ich betrachte es als Vorrecht, dieser Dichterin aus dem fernen Guatemala und ihrem Text so begegnet zu sein!

Qué hermoso fue, percibir *correctamente* las señales de la poesía ajena – en el diálogo directo frente a frente (y en el silencio sobre lo escuchado, en el que profunda y certeramente se propaga la reflexión –: así supe lo del cuerpo textual de Ana María Rodas, así lo supo ella del mío: el mono de alabastro del museo de Méjico lo reconoció en seguida como símbolo del sufrimiento y de la libertad de Sudamérica y que mi texto lo había entendido, la tragedia de amor oculta en "El Mar (Fragmento II)" la conmovió profundamente tal y como me conmovió a mi el inmenso valor de esta poetisa que sostiene su texto en un mundo violento, también políticamente, de hombres. Considero como un privilegio el haberme encontrado de esa manera con esa poetisa y su texto de la lejana Guatemala.

48

Vicente Luis Mora / Nico Bleutge

Corazón

Yo le di mi corazón. Saqué mi corazón y se lo puse en la mano. Ella lo tomó feliz. *Es tu corazón,* me respondió. *Nunca se lo diste a nadie.* También sonreía yo. Ella lo cogió con suavidad. *Es fuerte.* Lo era. Ella probó a apretarlo. *Resiste,* dijo alborozada, *es muy, muy fuerte. Quédatelo,* le respondí. *Ahora es tuyo.* Ella se lo metió en el bolso, *para llevarlo,* me dijo, *siempre conmigo.* Lo miraba fascinada por las noches. Lo sacaba en el café con sus amigas, para presumir. *Mirad qué fuerte es,* les decía. Sonreía con ojos golosos mientras le clavaba tenedores. Luego iba a casa de su madre, y le enseñaba mi corazón. Se ponía encima de él y saltaba con los tacones. *No se rompe, mamá.* Y su mamá reía, asintiendo. Llegaba a nuestra cita por la noche, y lo ponía sobre la mesa; sus uñas intentando desgarrar la carne. *He descubierto que resiste el fuego. Mira,* y le pasaba una llama por debajo. *Y también se puede tirar desde un tejado.* *¿Cómo lo sabes?,* le pregunté. *Muy fácil, lo he probado.* Yo callaba. *Mañana,* me dijo, *voy a probar a sumergirlo en agua, a ver cuánto aguanta.*

Vicente Luis Mora / Nico Bleutge

Herz

Ich hab' ihr mein Herz gegeben. Ich hab' es rausgeholt und hab's ihr in die Hand gelegt. Sie war ganz glücklich. "Es ist dein Herz", hat sie gesagt, "du hast es noch nie jemandem gegeben". Auch ich hab' gelächelt. Sie hat es ganz zärtlich zu sich hingezogen. "Es ist stark". Das war es. Sie hat versucht, es zu drücken. "Es geht gar nicht kaputt", hat sie gesagt, "es ist stark, sehr stark". "Behalt' es. Jetzt gehört's dir." Sie hat es in ihre Tasche gesteckt. "Damit ich es bei mir habe, immer bei mir". Abends hat sie es dann ganz verzaubert angeschaut. Im Café hat sie's sogar vor ihren Freundinnen rausgeholt, um damit anzugeben. "Schaut mal, wie stark es ist". Sie hat gierig gelächelt und mit der Gabel reingestochen. Dann ist sie nachhause zu ihrer Mutter gegangen und hat der mein Herz gezeigt. Sie hat sich draufgestellt und ist mit den Absätzen drauf rumgehüpft. "Mama, es geht gar nicht kaputt". Ihre Mutter hat nur gelacht. Am Abend haben wir uns getroffen. Sie hat mein Herz auf den Tisch gelegt und versucht, mit den Nägeln das Fleisch zu zerreißen. "Ich hab' entdeckt, daß es sogar Feuer aushält. Schau mal!" Und sie hat ein Feuerzeug drunter gehalten. "Man kann es auch aus dem zehnten Stock werfen". "Woher willst du das denn wissen?", hab' ich sie gefragt. "Ganz einfach, ich hab's ausprobiert. Morgen will ich versuchen, es im Meer zu versenken, mal sehn, was es aushält."

Vicente Luis Mora

Bendito seas, Albert

Cualquier espacio es un espacio curvo
si suficiente masa lo deforma
cualquier distancia es sólo un espejismo
y el tiempo es estirable por los lados

en esta relatividad funesta
parece no haber orden ni verdad

pero sucede justo lo contrario

la escritura de un libro es movimiento
un incesante viaje por la lengua

si el movimiento es rápido −si es bueno
y se aproxima al propio de la luz

el tiempo se retrasa y se comprime
visiblemente el cuerpo en traslación

no menosprecies estas conclusiones

moverse es dirigirse siempre al este
ganarle tiempo al tiempo cuando escribes

literatura es postergar la muerte

por un albur genial −bendito seas
Albert Einstein− aquel que más ha escrito

el que ha viajado más y por más tiempo

aquel que nunca quiso regresar

es el más joven

Vicente Luis Mora / Nico Bleutge

Gesegnet seist du, Albert

Jeder Raum ist ein gewölbter Raum
wenn genügend Masse ihn verformt
jede Entfernung ist nur eine Einbildung
und die Zeit ist an den Enden dehnbar

in dieser schlimmen Relativität
scheint es weder Ordnung noch Wahrheit zu geben

doch man kann es auch umgekehrt sehen

das Schreiben eines Buches ist Bewegung
eine endlose Reise durch die Sprache

wenn die Bewegung schnell ist – wenn sie gut ist
und sich der Schnelligkeit des Lichts annähert

verzögert sich die Zeit, und der Körper
verdichtet sich deutlich

unterschätze diese Folgerungen nicht

sich bewegen heißt immer sich nach Osten wenden
die Zeit vermehren, wenn du schreibst

Schreiben heißt den Tod hinauszögern

durch einen kleinen Trick – gesegnet seist du
Albert Einstein – wird jener, der am meisten schreibt

wird jener, der am meisten reist

und nie zurückkehren will

der jüngste sein

Nico Bleutge

nachmittag, wechselnde sicht

über dem strich der mole. einzelne punkte, das wasser
glimmt gelb auf, wenn die sonne durch die wolken

flüstert, wölbt sich die hand, um das licht
an der iris zu halten. wimpern hängen ins bild

die schiene des lids, auf der die segel nach draußen
rutschen, kiemen, und das ufer bewegt sich

in richtung hafen. die haare folgen dem wind
der weit ausholt, auf der haut der häuser

treten knorpel hervor und die fensterläden
schnappen nach luft. als hinge alles am rhythmus

der tropfen, die gegen die steintreppe klatschen
doch der druck in den fingern läßt nach

sie geben das licht frei und nehmen den kopf
mit hinaus zu den booten, die lange schon kleinen

glasigen knochen gleichen, die dünung versteckt sie
zeigt sie her

media tarde, vista que alterna

sobre la línea del muelle. puntos separados, el agua
relumbra en amarillo cuando el sol murmura

por las nubes, la mano se curva para mantener
la luz en el iris, y las pestañas cuelgan en la imagen

el surco del párpado, del que salen las velas, branquias,
deslizándose, y la orilla se mueve

encarrilada al puerto. el cabello se ondea por el viento
que acopia fuerzas desde lejos, sobre la piel de las casas

despiertan contracturas, y las persianas
baten por asfixia. como si todo dependiera de ese ritmo

de las gotas, que caen contra el pretil de la escalera
mas la presión se afloja entre los dedos

emancipando la luz y llevando consigo la cabeza
afuera, hacia las barcas, que ya desde rato parecían

translúcidos huesillos, que el mar de fondo oculta
y muestra

Nico Bleutge

punktierter himmel

die streifen der telegraphendrähte über dem skelett aus sandstein
die aufquellenden wolken hinter den hügeln
das einrasten der pupillen. der schräg belichtete horizont

die kühle der keramik an der oberseite der finger, der druck
der härchen gegen die serviettenringe, *die perspektive*
der übereinander gestapelten erinnerungen

der matte winkel der stufen, die schattige kerbe
eines treppenabgangs, überspannt von grauem draht
der die dächer ausstreicht, die schmaler werdenden veranden

das aufspritzen des reinigungswassers an den rissen des teers
die rostige färbung des efeus, die groben zuckerwürfel
auf den metallhäuten der fregatte im hafen, *platte auf platte*

fülle ich mit bildern für die zukunft, fülle und fülle
die aus dem bild gebrochene sichel des meeres und den kalk
in den fingerrillen, den sand und diesen blau angelaufenen himmel

Nico Bleutge / Vicente Luis Mora

cielo acupunturado

las paralelas de los cables del telégrafo sobre el esqueleto de gres
las nubes que van hinchándose tras las colinas
el ajustar de las pupilas. el horizonte oblicuamente iluminado

el frescor de la cerámica en el dorso de la mano, la presión
del vello contra los aros de las servilletas, *la perspectiva*
de los recuerdos apilados

el ángulo en sombra de los niveles, la ranura umbría
de un rellano, con un alambre gris tensado encima
tachando los techos, las terrazas que menguan

el repiqueteo sucio del agua de limpiar en las fugas de alquitrán
el color herrumbroso de la hiedra, los gruesos terrones de azúcar
sobre la piel metálica de la fragata en el puerto: *placa por placa*

plasmo de imágenes para el futuro, preño
la hoz del mar quebrada de la imagen y lleno de la cal
bajo las uñas, la arena y este cielo devenido al azul

Vicente Luis Mora sobre/über Nico Bleutge

Traducir los maravillosos poemas de Nico Bleutge ha sido una enorme satisfacción personal. Seguramente sería tópico decir que no diferencio esas versiones de mi propia poesía, pero no tanto decir que, quizá, esas versiones sean de lo mejor que nunca he escrito. Gracias pues a todos (Nico, Juana Burghardt, la Literaturwerkstatt) por permitirme ese privilegio.

Die wunderbaren Gedichte von Nico Bleutge zu übersetzen, bedeutete für mich eine ungeheure persönliche Befriedigung. Sicherlich wäre es banal zu behaupten, dass ich diese Versionen nicht von meiner eigenen Poesie unterscheiden kann, aber nicht ganz so banal zu sagen, dass diese Versionen vielleicht zum Besten gehören, was ich jemals geschrieben habe. Ich danke also allen (Nico, Juana Burghardt, der Literaturwerkstatt), mir dieses Privileg gewährt zu haben.

Nico Bleutge über/sobre Vicente Luis Mora

Die Arbeit mit Vicente Luis Mora hat mir gezeigt, was genaues Lesen eigentlich heißt. Er tastet jedes Wort, jedes Bild so lange ab, bis es auch noch seinen geheimen Untergrund freigibt. Und so ähnlich verhält es sich mit Vicentes eigenen Versen. Er schreibt philosophische Gedichte in einer sehr nüchternen Sprache und zugleich ziemlich dreckige Liebesgedichte – im Grunde alles, was einen guten Dichter ausmacht! Doch unter der kühlen Oberfläche der wissenschaftlichen Gedichte brodelt der ganze Wahnsinn, den zum Beispiel die Relativitätstheorie für unser Weltbild bedeutet. Und der flapsige Ton der Liebesverse macht die Suche nach Einheit und Genauigkeit spürbar.

El trabajo con Vicente Luis Mora me ha demostrado lo que significa una lectura exacta. Sopesa cada palabra, cada imagen, hasta que deja libre incluso su fondo secreto. Y así, se procede con los propios versos de Vicente. Escribe poemas filosóficos en un lenguaje muy prosaico y, a la vez, escribe poemas de amor bastante sucios; ¡en el fondo, todo lo que caracteriza a un buen poeta! Pero bajo la superficie refrescante de los versos científicos arde toda la locura que significa, por ejemplo, la teoría de la relatividad para nuestra visión del mundo. Y el tono familiar de los versos de amor hace palpable la búsqueda de unidad y precisión.

Raúl Zurita / Eugen Gomringer

El desierto

Un mar de muertos se está hundiendo entre las piedras.
El sol a pique ilumina una noche que desciende en el
sepulcro del desierto. Está la mancha como una fosa. El
barco desciende, los paisajes muertos descienden
mientras las empedradas olas se cierran arriba
tapiándolos. Está la noche en medio del día, están las
piedras que gritan.

Está la bruma de la noche del desierto hundiéndose en
pleno día. El barco muerto se hunde bajo la bruma de
las piedras y éstas chillan. Chile naufraga y el mar
reseco se cierra cubriéndolo, se cierran las olas de
piedras y gritan.

La noche herrumbrosa y negra se hunde gritando en el
desierto.

Un barco de desaparecidos se hunde y las rocas muertas
se cierran encima chillando. Mireya se tapa los oídos y
pone flores de plástico frente a la fosa de las costas
muertas, de la noche muerta, de sus hijos desaparecidos
y muertos en los océanos piedra del desierto de
Atacama.

Raúl Zurita / Eugen Gomringer

Die Wüste

Ein Meer von Toten versinkt zwischen den
Steinen. Die helle Sonne erleuchtet eine Nacht, die
in die Gruft der Wüste hinabsteigt. Hier ist der Fleck
wie ein Grab. Das Schiff steigt herab, die toten Landschaften
steigen herab, während sich die gepflasterten Wellen schließen,
sie oben einmauern. Hier ist die Nacht in Mitten des Tages,
hier sind die Steine, die schreien.

Hier ist der Dunst der Wüstennacht, der am
hellichten Tag sinkt. Das tote Schiff sinkt unter dem Dunst
der Steine und diese kreischen. Chile erleidet Schiffbruch und das
ausgedörrte Meer schließt sich und deckt es zu, die Wellen aus
Steinen schließen sich und schreien.

Die Nacht, rostig und schwarz versinkt
schreiend in der Wüste.

Ein Schiff von Vermissten sinkt und die toten Felsen
schließen sich kreischend darüber. Mireya hält sich die Ohren zu
und legt Blumen aus Plastik vor das Grab der
toten Küsten, der toten Nacht, ihrer
vermissten Kinder, gestorben in den Ozeanen aus Stein der
Wüste von Atacama.

Naufraga, se hunde. El barco herrumbroso se hunde y el desierto se cierra sobre él cubriéndolo. Se cierra y Chile se hunde, la cornisa muerta del Pacífico se hunde, la proa muerta de los paisajes se hunde mientras las piedras cayéndoles encima gritan que nada está vivo, que ya nada vive, que si uno murió por todos es que todos están muertos.

Los arenales muertos se cierran, la tumba de los paisajes muertos se cierra.

Las resecas olas se cierran. Mireya dice que hay un barco en un tierral de muertos. Que está allí, que una vez hubo un país, pero que ahora es sólo un barco tapiado bajo el mar muerto de sus paisajes.

Dice que si uno murió por todos todos los mares muertos son uno, las costas muertas son una, las clamantes piedras son una y que es el silencio la roca que tapió el sepulcro de los paisajes. Ella dice que uno murió por todos y que por eso hasta las piedras son el cuerpo que grita mientras se clavan las llanuras muertas sobre Chile.

Raúl Zurita / Eugen Gomringer

Es erleidet Schiffbruch, es sinkt. Das rostige Schiff sinkt und
die Wüste schließt sich über ihm, deckt es zu. Sie schließt sich und
Chile sinkt, das tote Kranzgesims des Pazifiks
sinkt, der tote Bug der Landschaften sinkt,
während die Steine schreiend auf sie fallen, dass
nichts lebendig bleibt, dass jetzt nichts mehr lebt, dass wenn einer für
alle gestorben ist, das bedeutet, dass alle tot sind.

Die toten Sandgruben schließen sich, die Grabstätte der
toten Landschaften schließt sich.

Die ausgedörrten Wellen schließen sich. Mireya sagt, dass es ein
Schiff in einem Sandsturm von Toten gibt. Dass es da ist, dass es ein
mal ein Land gab, aber dass jetzt nur ein Schiff ist,
eingemauert unter dem toten Meer seiner Landschaften.

Sie sagt, dass wenn einer für alle starb, alle toten Meere
eins sind, die toten Küsten eins sind, die
flehenden Steine eins sind und dass die Ruhe der Fels ist,
der die Gruft der Landschaften einmauerte. Sie sagt, dass einer für alle
starb und dass deshalb sogar die Steine der
Körper sind, der schreit, während sich die toten Ebenen
in Chile einnageln.

Eugen Gomringer

christlich

überall ist fingerzeig
überall ist fingerzeig

allgewalt und grüner zweig
allgewalt und grüner zweig

komm an den tisch
komm an den tisch

es lebt der fisch
es lebt der fisch

weisser rauch
weisser rauch

glaubst du auch
glaubst du auch

dass sich wandelt
dass sich wandelt

was da handelt
was da handelt

überall ist fingerzeig
überall ist fingerzeig

allgewalt und grüner zweig
allgewalt und grüner zweig

komm an den tisch
komm an den tisch

es lebt der fisch.
es lebt der fisch

Eugen Gomringer / Raúl Zurita

cristiano

por todas partes avisos
por todas partes avisos

omnipotencia y rama verde
omnipotencia y rama verde

ven a la mesa
ven a la mesa

vive el pez
vive el pez

humo blanco
humo blanco

crees tú también
crees tú también

que se transforma
que se transforma

lo que actúa
lo que actúa

por todas partes avisos
por todas partes avisos

omnipotencia y rama verde
omnipotencia y rama verde

ven a la mesa
ven a la mesa

vive el pez
vive el pez

Eugen Gomringer

grammatische konfession

dabei sein
dabei gewesen
waren dabei
waren dabei gewesen

mittun
mitgetan
taten mit
hatten mitgetan

dabei sein mittun
dabei gewesen mitgetan
waren dabei taten mit
waren dabei gewesen hatten mitgetan

werden dabei sein
werden mittun
werden dabei gewesen sein
werden mitgetan haben

Eugen Gomringer / Raúl Zurita

confesión gramatical

estar presente
estuvo presente
estaban presentes
habían estado presentes

colaborar
colaboró
colaboraban
habían colaborado

estar presente colaborar
estuvo presente colaboró
estaban presentes colaboraban
habían estado presentes habían colaborado

van a estar presentes
van a colaborar
habrán estado presentes
habrán colaborado

Raúl Zurita sobre/über Eugen Gomringer

La experiencia de participar con Eugen Gomringer debo simplemente calificarla de fascinante, era para mí encontrarme con alguien cuya poesía concreta o visual había tenido una honda repercusión en mí e incluso mentalmente había discutido mucho con ella, imaginariamente había discutido mucho con Gomringer como se discute con todo aquello que fascina. Me dije qué bien, justo estaré con él, ahora sí podré rebatirle algunas cosas de la poesía visual que no me parecen para nada. Por supuesto no pude hacerlo. Me encontré con un ser impensable, fuerte y maravilloso que de partida hablaba castellano mejor que yo. Traducirnos mutuamente nuestros poemas ha sido una experiencia, cómo decirlo, wooowww... no es la lengua alemana intercambiando con la lengua española sino algo mucho ni esa odiosa frase del „conocimiento mutuo de los pueblos" sino algo infinitamente más tangible, más real, me encontré con un ídolo de mi juventud y eso es woooowwww... alguien a quien fue un gusto ahora renovarle mi admiración adulta. El fue también extraordinariamente gentil conmigo. Qué más se puede pedir, ah sí, en la lectura final lo hicimos estupendo. ¡Fue todo fantástico!

Die Erfahrung mit Eugen Gomringer teilzunehmen, muss ich schlicht als faszinierend bezeichnen, es war für mich das Treffen mit jemandem, dessen konkrete oder visuelle Poesie tiefen Anklang bei mir gefunden und mit der ich sogar im Geiste viel diskutiert hatte; in der Phantasie hatte ich oftmals mit Gomringer diskutiert, wie man mit all dem diskutiert, was einen fasziniert. Ich dachte mir: wie schön, ausgerechnet mit ihm werde ich arbeiten, jetzt kann ich ihm gegenüber tatsächlich einige Dinge der visuellen Poesie widerlegen, mit denen ich überhaupt nicht übereinstimme. Natürlich konnte ich das nicht tun. Ich traf ein undenkbares Wesen, stark und wunderbar, der von Anfang an bereits besser spanisch sprach als ich. Uns gegenseitig unsere Gedichte zu übersetzen war eine Erfahrung, wie soll ich sagen: wooowww...es ist nicht der Austausch zwischen der deutschen und der spanischen Sprache, sondern etwas viel..., auch nicht der verhasste Satz "gegenseitiges Kennen lernen der anderen Kultur", sondern etwas unendlich viel spürbareres, viel realeres, ich traf ein Idol meiner Jugend und das ist: wooowwww... jemanden, dem ich nun mit Freude meine erwachsene Verehrung mitteilte. Auch er war außerordentlich freundlich zu mir. Was mehr kann man sich wünschen, ach ja, die abschließende Lesung gelang uns fabelhaft. Alles war fantastisch!

Eugen Gomringer über/sobre Raúl Zurita

Auf unserer gemeinsamen Arbeit lastete das Verhängnis Chiles, das Raúl Zurita im Symbol der Wüste in Sätzen wie gemeißelt aufleben lässt. Es war gegeben, sich über viele Begriffe aussprechen zu müssen, da eine ähnliche Situation in deutscher Sprache und unserer Symbolik nicht vertraut ist. Ich beobachtete Raúl Zurita häufig und wurde mir des Wortes von Buffon bewusst: "Le style est l'homme même". Zurita hatte diese Wüste, dieses Chile, äußerlich gesehen und innerlich erlebt. Er wurde Teil des monumentalen Schicksals.

Sobre nuestro trabajo en común pesaba la fatalidad de Chile que Raúl Zurita deja revivir a través del símbolo del desierto con frases como cinceladas. Dadas las circunstancias tuvimos que aclarar muchos conceptos, ya que la lengua alemana y nuestro simbolismo no conocen semejante situación. Observé a Raúl Zurita con frecuencia y tomé conciencia de la palabra de Buffon: "Le style est l'homme même". Zurita había visto este desierto, este Chile por fuera y vivido dentro. Él se convirtió en parte del destino monumental.

Eduardo Milán / Elisabeth Wandeler-Deck

Eduardo Milán

Si este lenguaje sólo se doliera
por sí mismo, sólo se autocelebrara,
si no apuntara un poco más allá, salido
y regresado con su huella a casa,
con la huella de un poco más allá aun tibio,
no caliente del contacto, algo se pierde
por el camino que nos reconduce , galgo
que nos reconduce, importaría un carajo
su carencia sin queja, su trabajo sin cara.
Una mancha de tinta enamorada
ciertamente, pero mancha.
Lenguaje de poema no tendría que ser mancha.

Eduardo Milán / Elisabeth Wandeler-Deck

Wenn sich diese Sprache nur selbst schmerzte
Ihrer selbst wegen, sie nur sich selbst feierte,
wenn sie nicht ein wenig weiter zielte, weggegangen
und eingekehrt mit ihrer Spur,
mit der Spur von ein wenig weiter weg, noch lau,
nicht warm vom Kontakt, etwas verliert sich, entschwindet
auf dem Weg, der uns zurückführt, Windhund,
der uns zurückführt, ein Dreck wäre wert
ihr klagloses Mangeln, ihre gesichtslose Arbeit.
Ein verliebter Tintenfleck,
verliebt, gewiss, aber ein Fleck.
Gedichtsprache müsste nicht Fleck ein.

Que no hay ningún peligro,
que la palabra permanece intacta
fuera de la persona, al costado.
Que no hay que confundir persona
con persona, uno es un ser social
-o bruto, los demás se retiraron
del escenario, era una larga noche
vacía de libélulas y nubes, negra-
el otro, máscara. Que en absoluto
interesa qué se piensa, qué se haga
en medio de la historia, turbamulta
que te atrapa -hay un vuelo de pájaros.
El hombre pasa, la palabra queda.
Sobre cómo queda la palabra,
en calidad de qué, intacta como qué,
salvada de no sé qué, inmaculada,
queda muerta, queda viva, queda herida,
callan, nadie dice nada.

Eduardo Milán / Elisabeth Wandeler-Deck

Nein, keine Gefahr droht,
dass das Wort unversehrt bleibt
außer der Person, abseits.
Nein, man soll nicht verwechseln Person
mit "Person", die ist ein soziales Wesen
– oder roh. Die Anderen traten ab
von der Bühne, es war eine lange Nacht
ohne Libellen und Wolken, schwarz –
der andere, eine Maske. Nein, es interessiert
überhaupt nicht, was man denkt, was man macht
inmitten der Geschichte, Menschenmenge
die dich fängt – es gibt ein Fliegen von Vögeln.
Der Mensch geht vorüber, das Wort bleibt.
Wie das Wort bleibt,
als was, unversehrt wie was,
gerettet vor was weiß ich, unbefleckt,
tot bleibt, lebendig bleibt, verletzt bleibt,
Ruhe – davon sagt niemand nichts.

Eduardo Milán

Alegría gustaría
ahora, necesaria, incluída
en todo, entera, sin que fuese
esa gracia especial, hímnica
de los grandes momentos con esferas
celestiales, dale al alma.
Alegría concreta, alegría de tocar
el cuerpo-carne, el cuerpo-música,
amados. Ruiseñores con, cántaros con,
ausencia con, aun carencia, omnipresente
en el mundo, en la palabra, alegría. Que si va,
que si no va con este tiempo y vuelve
sola, absurda, incomprendida ética,
como un otoño, como las hojas grises del árbol
en otoño, tristes. Es que sólo la alegría vuelve.
Decirla desde ya para que vaya.

Eduardo Milán / Elisabeth Wandeler-Deck

Freude wäre schön
grad jetzt, so nötig, sie ist
enthalten in allem, ganz, ohne dass sie
wäre jene spezielle hymnische Grazie
der großen Momente himmlischer
Sphären, gib sie der Seele.
Konkrete Freude, Freude zum Anfassen
den Fleischkörper, die Musik Körper,
beide geliebt. Nachtigallen mit, Krüge mit,
Abwesenheit, sogar Mangel mit, überall
auf der Welt, im Wort, Freude. Ob sie geht,
ob sie nicht geht in dieser Zeit und allein
wiederkehrt absurde, unverstandene Ethik,
wie ein Herbst, wie die grauen Blätter des Baums
im Herbst, traurig. Allein die Freude kehrt wieder.
Sie möge gehen. Von da an ihr das sagen.

Elisabeth Wandeler-Deck

fortsetzen gibt es

fortsetzen faulen Zauber gibt es es
gibt es gibt und zerperlt was da alles
sich perlt zerpellt pelzt

faulende Traufe schimmern dringen es
gibt es gibt sprechen bitte ja doch na
nu mit Netzen verhängte Abstürze
Felswarzen blaue Felchen was da
schimmert dringt prallt was da alles
perlt surrt sirrt pocht

Artikulation kleinteiliges Flektieren
gibt es

continuación hay

continuación hay mentira hay
hay hay y desespuma todo lo
que se
espuma y pela despelleja

descompuesto canal brillo
incisión
hay hablar por favor que sí qué
pasa caídas cubiertas con redes
pezones rocosos corégonos
azules
todo lo que brilla penetra todo
lo que brilla espuma zumba
zuñe late

articulación declinación de
pequeños elementos
hay

Elisabeth Wandeler-Deck

geht wünschen nacht nachts

geht wünschen nacht nachts
nach einem rot roten PULLOVER
geht das geht das wünschen geht nach HÄUTEN
nach heute wünsche mich in weiß weißes
in SCHNEE weis weißweißes geht und GEHEN
und ein GESTRICK ein und eins tricksen hin ein EINSTRICKEN
ein dickes dickrot ein polstrig pludrigweiß weiß Pluder
PLUNDER GEBÄCK geht wünschen nach
GERICK SO DICHT SO DICKES DICH
NACKEN GENECKE (nacktes Necken geh aber geh) zwischen
Löwen und Autohandel etwas zurückgesetzt NAHEN
geht ja
>(*Traum von einer Art Park für verlorene Gegenstände*
>*zugelaufenes Schnappen wünsche mir*)

Elisabeth Wandeler-Deck / Eduardo Milán

desear va noche en las noches

desear va noche en las noches
hacia un pulóver roji-rojo
va bien el desear va a MUDAR DE PIEL
hacia hoy deseo en blanco lo blanco
en nieve señala blanquiblanco va e ir
y un tejido empezado uno y un trucar hacia dentro tejer
un espeso rojo espeso un acolchado abombachado blanco bombacho blanco
un bollo relleno desear va hacia
un callo tupido tan espeso a ti
cuello burlas (burlarse desnudo ve pero ve) entre
leones y venta de autos un poco postergado acercarse
sí que va
        (*Sueño de una especie de parque de objetos perdidos pillar algo*
        apresuradamente deseo)

Elisabeth Wandeler-Deck

Wirrsprunggesicht Zugriss Durchruck

Wirrsprunggesicht Zugriss Durchruck
augengepickt frohgesperrt fließrig
süßstofflicher Wasserfall glitzriges Abschaumgefälle digitale Notwehr
durch aus von nach
aufwärts durchher hinweg
       (*hatte schon Zugriff schon bald und entglitzert die Durchdrück-*
       packung : mein Ponstan! mein Panadol! Schrie der Kecke und flog
       auf)

Elisabeth Wandeler-Deck / Eduardo Milán

Desfiguración, estría, sobresalto

Desfiguración, estría, sobresalto
ojos picoteados encerrada feliz fluidez
Endulzante cascada chisporroteo desnivel de la escoria legítima defensa digital
a través desde hacia
arriba a través hacia aquí
fuera
    (ya tenía acceso pronto y deschispea la caja estirable: ¡mi Ponstan!
    ¡mi Panadol! Gritó el descarado y voló)

Eduardo Milán sobre/über Elisabeth Wandeler-Deck

La experiencia de traducción de Elisabeth al castellano, con la colaboración de nuestro intérprete, es una de los actos poéticos más estimulantes que recuerdo. En general, el trato humano con los participantes del Festival de Berlín fue gratificante. Descubrimiento personal de nuevos talentos, cordialidad interpoética, Laurie Anderson en vivo, etc. Esto no hubiera sido igual sin la presencia fraterna de nuestros guías, de eso estoy seguro. Yo agradecería también la cooperación con el Instituto Cervantes (Berlín). La amabilidad de Gonzalo del Puerto, por ejemplo. Y entrando en nombres, la amabilidad de Ana, Isabel, Sabina..., nuestras guías alemanas y españolas.

Die Erfahrung der Übersetzung der Texte Elisabeths ins Spanische, in Zusammenarbeit mit unserem Dolmetscher, war eine der stimulierendsten poetischen Handlungen, an die ich mich erinnern kann. Insgesamt, war der menschliche Umgang mit den Teilnehmern des Poesiefestivals Berlin sehr erfreulich. Das persönliche Entdecken neuer Talente, interpoetische Herzlichkeit, Laurie Anderson life, etc. Das alles wäre ohne die fürsorgliche Anwesenheit unserer Betreuer nicht dasselbe gewesen, dessen bin ich mir sicher. Ich möchte auch der Kooperation mit dem Instituto Cervantes (Berlin) danken, beispielsweise der Herzlichkeit von Gonzalo del Puerto. Und wenn ich schon Namen nenne, der Liebenswürdigkeit von Ana, Isabel, Sabina..., unseren deutschen und spanischen Betreuerinnen.

Elisabeth Wandeler-Deck über/sobre Eduardo Milán

Wir hatten sofort und ohne viel zu reden zu dritt eine Arbeitsstimmung um den Tisch und zwischen den Dingen im hintersten Raum zu sitzen und wie wir dann so da so sassen und einander auch laut lasen und plötzlich ein Wort Felchen was ist das Felchen Silberfelchen Blaufelchen gibt es im Zürchersee Zugersee schweizerdeutsch – ja? nein? – doch doch: auch in deutschdeutscher Sprache schwimmen Felchen in Süsswasser und sind Fische aber was ist Gerick, aha, Gerick, nein das gibt es nicht ich hole weit aus ein präzises Klingen und es gab einmal und wie er es denn lösen wolle so kam es zu kleinen vergnügten Momenten im Schmuggeln über die Unterschiedsgrenzen hinweg und ähnlich dann umgekehrt copa der Bäume die nicht die Bäume von hier sind und an was lässt mich copa denken so sassen wir dann da zu dritt in präzisen Zeitzimmern.

Nosotros tuvimos en seguida, y sin hablar mucho, un ambiente de trabajo entre los tres alrededor de la mesa y entre los objetos en la habitación del fondo y así sentados, y, también leyéndonos mutuamente, en voz alta, surgió de repente la palabra "Felchen" (corégono) ¿qué es "Felchen"? (corégono), "Silberfelchen" (corégonos plateados), "Blaufelchen (corégonos azules) existen en el "Zürchersee" (lago de Zurich) "Zugersee" (literalmente: lago de tren) suizo-alemán - ¿sí? ¿no? - sí, sí: también en el idioma alemán-alemán nadan "Felchen" (corégonos) en agua dulce y son peces; pero, ¿qué es "Gerick"?, aha, "Gerick", no, eso no hay, yo busco extendiéndome de un sonido preciso, y hubo una vez y cómo lo quisiera solucionar, se llegó a breves momentos divertidos en el contrabando, más allá de los límites de las diferencias y luego al revés "copa" de los árboles que no son árboles de aquí y en qué me hace pensar copa de esta manera estuvimos sentados los tres en habitaciones de tiempos precisos.

Clara Janés / Gerhard Falkner

Clara Janés

El alba sopla pétalos de luz

El alba sopla pétalos de luz.
Vibra el vacío
en invisible movimiento
e invita a orientación.
El secreto del silencio
revela su ser secreto:
la quietud sin fondo
del amor.

Clara Janés / Gerhard Falkner

Der Morgen zerstreut Blüten des Lichts

Der Morgen zerstreut Blüten des Lichts.
Unsichtbar
vibriert Leere
und ermutigt, sich zu orientieren.
Das Geheimnis der Stille
offenbart seine Wurzeln:
die bodenlose Ruhe nämlich
der Liebe.

Clara Janés

No hay hilo que descifre

No hay hilo que descifre
el laberinto del mar,
que no es trayecto el mar;
que esbozo es de lo invisible el mar,
condensaciones, tendencias;
que siempre es pasado el mar,
origen, materia madre,
sin forma, sin sombra, el mar;
que es deseo puro el mar,
pura posibilidad.

Clara Janés / Gerhard Falkner

Da ist kein Faden

Da ist kein Faden,
der des Meeres Labyrinth entschlüsselt,
da ist kein Weg im Meer;
da ist nur Meer als ein Entwurf des Unsichtbaren,
Verdichtungen, Strebungen;
da ist das Meer nur, was es immer war,
Ursprung, Urstoff,
ohne Gestalt, ohne Schatten, das Meer;
denn das Meer ist nichts als Verlangen,
und nichts als Möglichkeit.

Clara Janés

Desasosiego del signo

Desasosiego del signo.
El viento obliga a la danza,
las hojas secas
dibujan campos cambiantes,
traslaciones y trascabos, dudas.
El aire dilacerado
incita hasta al tímido latido,
y el Ser, que no puede dar el salto...
Fluctúan los cielos,
la sombra de una nube
se desliza por el corazón.

Clara Janés / Gerhard Falkner

Unstetheit des Zeichens

Unstetheit des Zeichens.
Der Wind läßt tanzen,
ordnet das Laub der Blätter
zu wechselnden Feldern,
Umlaufbahnen und Stolperstellen, Zweifel.
Die aufgewühlte Luft
läßt selbst den zaudernden Puls höher schlagen,
jenes Sein, das den Sprung nicht schafft ...
Der Himmel schwingt,
der Schatten einer Wolke
schwebt durchs Herz.

Gerhard Falkner

Ach, der Tisch
(Zur PoeSie des PoeDu)

Und er wird mich sagen hören: ach, der Tisch!
Ach, der... wird mich sagen hören: ach, der Tisch!
Und er wird mich fragen werden: wo! Zu!
Und er wird mich sagen hören, ach der
sagen hören... ach der... ach der Tisch!
der Tisch... mit dem Brot!
Und er wird mich haben wollen, haben wollen
wie ich sage, ach der... ach der Tisch
mit dem Brot, oben
mit dem Brot aus Blei
mit dem schwer wie Blei daliegenden Brot
mit dem Brot, das wie ein U-Brot
emportauchte aus dem reglos daliegenden Tisch
aus der leuchtend daliegenden Tischplatte
und er wird sich fragen werden
ach das Brot... wer lenkt es, das Brot?
Weil er mich wird haben wollen
wird er denken
haben wollen wie ich sage: ach das
... oben... das Brot
doch er wird mich sagen hören hören: ach der Tisch:
er bedeutet eine Ungereimtheit in meinem Leben
er bedeutet, der Tisch, eine Ungereimtheit
es gelang meiner Hand nicht, ihn zu zähmen
es ist ein noch immer ungezähmter Tisch
ein... ach der Tisch halt, ein Tisch
dem ein Brot aufliegt in seinem gebundenen Laib
und er wird mich haben wollen wie das Brot:
aber wie die langen, lautlosen Samstage damals... damals...
werden meine Augen über seinen Wunsch hinweggehen
denn, denn das, denn das diesmal als... ach der Tisch...
erblickte Ding, das diesmal als... ach der...
ach der Tisch erblickte Ding

Gerhard Falkner / Clara Janés

Oh, la mesa
(Sobre la poeUsía del PoeTú)

Y me oirá decir: ¡oh, la mesa!
Oh, la... me oirá decir: ¡oh, la mesa!
Y me preguntará: ¡dónde! ¡Venga!
Y me oirá decir, oh la
oír decir... oh la... oh, la mesa!
la mesa... ¡con el pan!
Y él me querrá me querrá
cuando yo digo, oh la... oh, la mesa
con el pan, encima
con el pan de plomo
con ese pan de ahí, pesado como el plomo
con el pan, que como subparino
emerge de esa mesa inmóvil
de esa tabla de la mesa deslumbrante
y se preguntará
oh el pan...quién lo conduce, el pan?
Porque me querrá
pensará él
me querrá cuando digo: oh la
... encima... el pan
pero me oirá, oirá decir: oh, la mesa:
significa una incoherencia en mi vida
significa, la mesa, una incoherencia
mi mano no consiguió, domesticarla
se trata de una mesa aún por domesticar
una... oh, la mesa, vaya, una mesa
sobre la que reposa un pan en su cuerpo ensamblado
y habrá querido que yo, como el pan:
pero como los largos, silenciosos sábados de entonces..., de entonces...
mis ojos dejarán de lado su deseo
pues, pues lo, pues lo que entonces como... oh, la mesa...
captada cosa, lo que entonces como... oh la...
oh, la mesa, captada cosa

Gerhard Falkner

ist für manches von mir wie ein Zuhause.
Und das Brot. Was ist schon das Brot weiter
als eine Einzelheit, nicht der Rede wert,
es zu hören, wir kriegen vom Brot eh nur zu hören
wie es sich auswendig hersagt, wie es, das Brot
sich herunterleiert, wie es verfällt in den schmähenden
Jambus, wie es als gesprochenes Brot den Schonkreis
seiner schweigsamen Darstellung verläßt – und wohlgemerkt:
vernachlässigend verläßt und als ach ausdrückliches
Brot mit allen seinen drei Kreuzchen (XXX)
aus sich herausplatzt, wie es
meine nur dem Leben zuliebe erlittene Weltanwesenheit
überrumpelt mit dem gesprochenen Brot, dem
aus der Stille und dem Stollen des Tisches
gesprengten Wort
und er wird mich sagen hören... ach der!
ach der... wird mich sagen hören... ach der Tisch!
Und er wird mich haben wollen für das Wort
für das... na, das Wort!
Für das Wort, das den Tisch brotlos machen wird
mit der Zeit, wird er mich haben wollen, zu Willen
soll ich ihm sein – unter dem Tisch, ach und oben...
das Brot, tobt, das U-Brot und während die
reine Fläche hinausblickt auf eine glanzvolle Zukunft
soll ichach, hiphop, soll ichach, ihm
im Schatten des Tisches, zwischen den
wie die vier Elemente dastehenden starken Beinen
zu Willen sein, in einer Haltung wie vom ausfälligen
Wort unter den Tisch geprügelt soll ich sein Ding
in die Hand nehmen, soll ich, soll ich seine Sprache
in den Mund nehmen: eine Männersprache, eine
aus dem Tisch in den Mund gesprengte
Männersprache! Dabei
wollte ich, als ich mich sagen hörte:
ach der... ach der Tisch! Als ichach
dabei wollte ich wollen, wollte das geschliffene Brot

es por varias cosas mías como un hogar
y el pan. Qué más es el pan
que un detalle del que no vale la pena hablar,
oírlo, de todas maneras sólo oiremos la queja del pan
al recitar de memoria cómo él, el pan
salmodia, al incurrir en el injurioso
yambo, al abandonar en tanto que pan hablado, el hermético círculo
de su silente autorepresentación, y hay que fijarse:
con negligencia abandona y como, oh, auténtico
pan con una cruz (X)
estalla fuera de sí, como
mi sufrida presencia en el mundo por amor sólo de la vida
sorprende con el pan hablado, la palabra reventada
de la callada bocamina de la mesa,
y me oirá decir... oh ella!
oh la... me oirá decir... oh, la mesa!
y me deseará por la palabra
por la... pues, ¡la palabra!
Por la palabra que dejará a la mesa sin pan
con el tiempo, deseará que, a su disposición
esté debajo de la mesa, oh y encima...
el pan, revuelto, el subparino y mientras la
pura superficie contempla un futuro deslumbrante
deba yooh, yoaup, deba yooh, a él
en la sombra de la mesa, entre las
fuertes patas allí presentes como cuatro elementos
estar a su disposición, en posición como apaleado por una injuriosa
palabra, debajo de la mesa, tenga yo que coger su cosa
con la mano, tenga tenga que coger su idioma
con la boca: un idioma de los hombres, ¡un...
que de la mesa estalla hacia la boca,
idioma de los hombres! Por lo tanto
quería yo, cuando me oía decir:
oh la... oh, la mesa! Cuando yooh
por lo tanto quería yo querer, quería, el pan acendrado
aristotelizar, el pan, que una onda de desnudez

Gerhard Falkner

aristotelisieren, das Brot, das eine Welle von Nacktheit
ausgelöst hat unter den Dingen, unnötige Nacktheit
unzählige Dinge in unnötiger Nacktheit gezeigt hat
doch ging dann, ging groß, ging jung blond und groß,
ging im Einklang mit dem Tisch, dem Tisch
und dem Brot, eine Zeit eben zu Ende, eine Zeit
von der Art, die gewaltig verstreicht, entweder festlich
innehält oder eben gewaltig verstreicht
eine Zeit, die dem Tisch eine Frist setzt
aber mein ichach, da doch dem Schicksal Weisung
gegeben: gib ihm rasch von allem! es dauert mich
es wird mich sagen hören: es dauert mich
sagen hören wie ich sage... ach der... ach der Tisch!
Und er wird mich fragen wollen: ach der... T?
mit dem Brot oben, dem Gedicht in seinem dunklen,
gebundenen Laib, das sich herleiert und mit dem
alles gesagt ist, mehr als alles, ich will von dem Brot
oben
mehr als alles, ich will, abends, wenn die Drossel
verstummt, mehr als alles gehabt haben, es soll
so tränenlos geweint worden sein wie in einer Zeile
von Trakl, es soll mich, soll, soll, soll mich, fertig
gemacht haben, fertig, es soll mich sagen
gehört haben: NICHT DU! Ich kann das Brot anklicken
und habe deine Brust: (eine Brust für Götter)
ich kann deine Brust anklicken
und habe dein Herz... (ein Herz für Götter)
aber nicht du! Nur das Brot
ich will nicht mehr gekonnt haben können, will
nach dem Brot, in das ich soviel Gewicht gelegt habe
nicht mehr gekonnt haben können
aber ich ach ich bin ich bin doch bin
doch nicht zu haben!
Er hat seine Hände an mir haben wollen aber
ich bin, bin nicht zu haben
nicht für Brot... und nicht... unter dem Tisch!

ha desprendido entre las cosas, innecesaria desnudez
incontables cosas ha mostrado en innecesaria desnudez
y a pesar de todo así se hizo, se hizo grande, se hizo joven, rubio y grande,
se hizo en sintonía con la mesa, a la mesa
y al pan, un tiempo, pues, se está terminando, un tiempo
del tipo que, intensamente transcurre, que, o festivamente
se detiene, o que intensamente transcurre
un tiempo que impone un plazo a la mesa,
pero mi yooh, oh, instrucción
dada al destino: ¡dale pronto de todo! me da pena
me oirá decir: me da pena
oirá decir cómo digo... oh la... oh, la mesa!
Y querrá preguntarme: oh la... me?
Con el pan encima, la poesía en su oscuro,
cuerpo ensamblado, que salmodia y con el que
todo queda dicho, más que todo, yo quiero del pan
de encima más que todo
más que todo, quiero, por las tardes, si el zorzal
enmudece, que haya tenido más que todo, debe
que haya sido llorado tan secamente como en una línea
de Trakl, me debe, debe, debe, me debe, haber
dejado acabado, acabado, debe haberme
oído decir: ¡TÚ NO! Puedo pulsar el pan
y tengo tu pecho: (un pecho para dioses)
puedo pulsar tu pecho
y tengo tu corazón... (un corazón para dioses)
¡pero no tú! Sólo el pan
quiero poder no haber podido más, quiero
después del pan, en el que tanto hincapié he hecho
poder no haber podido nada más
pero yo oh yo no soy yo no soy con todo no soy
con todo embargo ¡algo poseible!
El ha querido tener sus manos en mí pero
yo no soy, no soy algo poseible
¡no por el pan... y no... debajo de la mesa!

Gerhard Falkner

die roten Schuhe

fremd bin ich aufgewacht und früh
der stecker steckte noch
eine frau, kleiner als ein pferd
reichte mir einen apfel auf englisch:
apple, she said
willst du nicht beißen
doch wer sind die roten schuhe
the red shoes
dort auf seiner saueren seite
blutig steigen sie den apfel herab
ach ich muß sterben und habe
noch gar nicht gefrühstückt

Gerhard Falkner / Clara Janés

los zapatos rojos

raro me desperté y pronto
el enchufe estaba aún enchufado
una mujer, más pequeña que un caballo
me tendió una manzana en inglés:
apple, she said
no quieres mordisquear
pero quién son los zapatos rojos
the red shoes
allí por su lado amargo
ensangrentados descienden la manzana
ay, tengo que morir y aún no he
desayunado

Clara Janés sobre/über Gerhard Falkner

Me gustó muchisimo trabajar con Gerhard Falkner. Somos personalidades muy distintas en todos los terrenos, y es estimulante un reto así. Lograr verter a otra lengua lo que parece imposible, por la cantidad de juegos, de imagenes surrealistas, de humor expreso y soterrado, como era el caso de „Ach, der Tisch", resulta tentador y si se consigue muy satisfactorio. A través del trabajo, además, nos fuimos conociendo y después, durante las lecturas, siempre nos divertimos. La verdad es que a él, al principio, le parecía que yo no conseguiría traducir este poema en tan poco tiempo. Me ayudó mucho haber estudiado un algo de alemán, de modo que puedo leerlo. También él fue entrando en mi poesía, aunque no tiene nada que ver con la suya, y entendiendola. Y me gustó mucho su modo de leerla.

Es hat mir sehr gefallen, mit Gerhard Falkner zusammen zu arbeiten. Wir sind sehr unterschiedliche Persönlichkeiten, auf jeglichem Gebiet, und solch eine Herausforderung ist stimulierend. In eine andere Sprache zu gießen, was unmöglich scheint, aufgrund der Vielzahl an Spielen, surrealen Bildern, ausdrücklichem und verborgenem Witz – wie es bei "Ach, der Tisch" der Fall war, ist verlockend und, wenn es gelingt, sehr zufrieden stellend. Durch die Arbeit haben wir uns außerdem kennen gelernt und immer Freude an den folgenden Lesungen gehabt. Tatsächlich dachte er anfangs, dass es mir nicht gelingen würde dieses Gedicht in so kurzer Zeit zu übersetzen. Es war mir von großer Hilfe, ein wenig Deutsch gelernt zu haben, so dass ich Deutsch lesen kann. Auch er trat in meine Poesie ein und verstand sie, obschon sie nichts zu tun hat mit der seinen. Und es hat mir gut gefallen, wie er sie gelesen hat.

Gerhard Falkner über/sobre Clara Janés

Mit Clara Janes wurde dem allgemeinen Glücksfall, welche Begegnungen der Veranstaltungsreihe "Versschmuggel" sowohl für die Poesie als auch für ihre Gefangenen an sich schon bedeuten können, für mich ein ganz besonderer hinzugefügt. Eine Frau und Dichterin mit äußerst entspannt und äußerst elegant fließenden Übergängen zwischen dem was sie schreibt und dem was sie ist.

Al golpe de fortuna, en general, que pueden significar los encuentros de la serie de eventos "Contrabando de VERSos", tanto para la poesía como también para sus prisioneros, se añadió con Clara Janés para mí un golpe de fortuna muy especial. Una mujer y poetisa con cruces fluidos que transcurren extremadamente relajantes y extremadamente elegantes entre lo que escribe y lo que ella misma es.

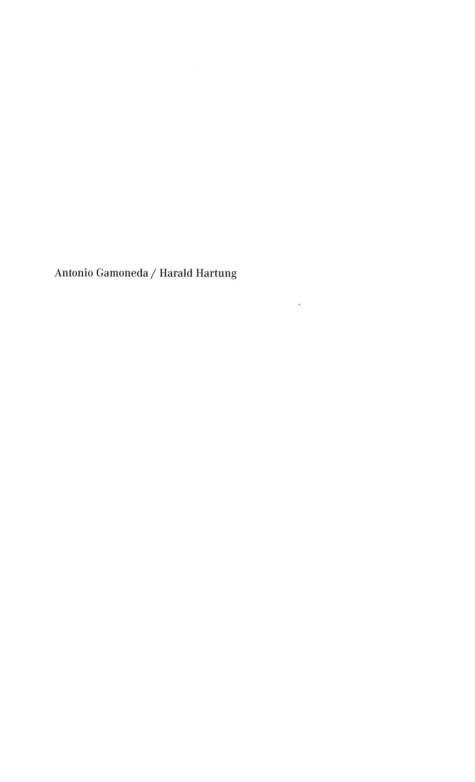

Antonio Gamoneda / Harald Hartung

Antonio Gamoneda

Busco tu piel inconfesable, tu piel ungida por la tristeza de las serpientes; distingo tus asuntos invisibles, el rastro frío del corazón.

Hubiera visto tu cinta ensangrentada, tu llanto entre cristales y no tu llaga amarilla,

pero mi sueño vive debajo de tus párpados.

Antonio Gamoneda / Harald Hartung

Ich suche deine unbeschreibbare Haut, deine Haut, gesalbt von der Trauer der Schlangen; ich erkenne deine unsichtbaren Gründe, die kalte Spur des Herzens.

Ich hätte lieber dein blutgetränktes Band gesehen, dein Weinen zwischen Kristallen und nicht deine gelbe Wunde,

aber mein Traum lebt unter deinen Augenlidern.

Antonio Gamoneda

Siento el crepúsculo en mis manos. Llega a través del laurel enfermo. Yo no quiero pensar ni ser amado ni ser feliz ni recordar.

Sólo quiero sentir esta luz en mis manos

y desconocer todos los rostros y que las canciones dejen de pesar en mi corazón

y que los pájaros pasen ante mis ojos y yo no advierta que se han ido.

Hay

grietas y sombras en paredes blancas y pronto habrá más grietas y más sombras y finalmente no habrá paredes blancas.

Es la vejez. Fluye en mis venas como agua atravesada por gemidos. Van

a cesar todas las preguntas. Un sol tardío pesa en mis manos inmóviles y a mi quietud vienen a la vez suavemente, como una sola sustancia, el pensamiento y su desaparición.

Es la agonía y la serenidad.

Quizá soy transparente y ya estoy solo sin saberlo. En cualquier caso, ya

la única sabiduría es el olvido.

Antonio Gamoneda / Harald Hartung

Ich fühle die Dämmerung in meinen Händen. Sie kommt durch den kranken Lorbeer.
Ich möchte weder denken, noch geliebt sein, noch glücklich sein,
noch mich erinnern.

Ich möchte einzig dieses Licht an meinen Händen fühlen

und alle Gesichter vergessen und dass die Lieder mein Herz nicht mehr beschweren

und dass die Vögel vor meinen Augen vorüber fliegen und ich nicht merke, dass
sie fort sind.

Es gibt

Risse und Schatten an weißen Mauern und bald gibt es mehr
Risse und mehr Schatten und endlich gibt es keine weißen Mauern mehr.

Das ist das Alter. Es fließt in meinen Adern wie Wasser, das von
Seufzern durchsetzt ist. Alle Fragen

hören auf. Eine späte Sonne liegt in meinen
reglosen Händen und in meine Ruhe kommt gleichzeitig sanft,
wie eine einzige Substanz, das Denken und sein
Verschwinden.

Das ist die Agonie und die Seelenruhe.

Vielleicht bin ich durchsichtig und bin schon allein und weiß es nicht. In jedem
Fall, jetzt

ist das einzige Wissen das Vergessen.

Harald Hartung

Langsamer träumen

Im Frühlicht sehe ich die zwei Maschinen
die eine plump die andere schlanker
pathetisch steigen: richtig feierlich
Da wären Bomben ordinär und gegen
die Abmachung des Traums
Doch fallen schon
die Eier aus der Legehenne während
die andere (durchaus kein Tier)
etwas verliert wie ein Torpedo
und den obszönen Gegenstand
(ganz Dame) übersieht und ihren Kurs hält
Fragen des Stils die Sache von Sekunden
zu kurz um das Geschehen zu verbessern

Langsamer träumen! denke ich und sehe
mich nach Deckung um

Harald Hartung / Antonio Gamoneda

Soñar más despacio

Con la primera luz veo las dos máquinas;
una es tosca y la otra más frágil.
Las dos crecen patéticas y solemnes,
pero las bombas ordinarias no pertenecen al contenido del sueño.

A pesar de todo, caen
huevos de la gallina ponedora, mientras
de la otra, que no es, desde luego, un animal,
se desprenda algo parecido a un torpedo.
Esta es toda una dama; ignora el obsceno objeto
y continua paseando.
Es una cuestión de estilo; faltan algunos segundos
para que los hechos se perfeccionen.

Soñar más despacio. Habría que soñar más despacio. Pienso y miro a mi
alrededor buscando algún refugio.

Harald Hartung

Wirkung des Schönen

Der Alte an der Brücke
der in der Hose fuhrwerkt
sah sie vermutlich zuerst

die rosige Doppelwolke
überm Kanal
üppig wie Aphrodites Hintern

schöner als die Paläste
Der Alte von der Wolke befriedigt
wendet sich ab

während der Kellner gafft
und anhält mit vollem Tablett
angewurzelt als wärs ihm

zu meinem Tisch viel zu weit.

Harald Hartung / Antonio Gamoneda

A causa de la belleza

El viejo estaba junto al puente
y, con su mano, se acariciaba
suavemente bajo sus pantalones.

El debió de ser quien vio primero,
sobre el canal, la doble nube rosada,
opulenta como el trasero de Afrodita.

La nube era más bella que los palacios.
El viejo está satisfecho. Se aleja

mientras el camarero, boquiabierto,
se detiene indeciso con su bandeja colmada,
como si para él estuviera

mi mesa demasiado lejos.

Antonio Gamoneda sobre/über Harald Hartung

Fue un trabajo sencillo el realizado en la traducción recíproca con Harald Hartung. Recuerdo que fuimos, en terminar, el primero de todos los grupos. Esto sucedió porque el traductor que colaboraba no era experto únicamente en el léxico, sino que tenía serios conocimientos de poesía.

Es war eine leichte Aufgabe mit Harald Hartung die gegenseitigen Übersetzungen anzufertigen. Ich erinnere mich, dass wir die erste der Gruppen waren, die die Arbeit beendet hatten. Dies konnte geschehen, weil der Übersetzer, der mitarbeitete, nicht nur ein Sprachexperte war, sondern auch über tiefe Kenntnisse der Poesie verfügte.

Harald Hartung über/sobre Antonio Gamoneda

Die große Poesie anderer Sprachen ist uns zumeist durch große Dichter vermittelt worden: Baudelaire durch George, Valéry durch Rilke, Mandelstamm durch Celan. "Was nicht selbst Poesie ist, kann nicht Übersetzung von Poesie sein", hat Enzensberger einmal gesagt. Diese Vorstellung bestimmte auch die gemeinsame Arbeit mit meinem spanischen Kollegen Antonio Gamoneda. Durch unseren Dolmetscher angeleitet und angefeuert, versuchten wir Verse in Verse, Bilder in Bilder, Bedeutungen in Bedeutungen der jeweils anderen Sprache zu übertragen. Streng, aber nicht pedantisch. Vielleicht ist so das Spanische etwas nüchterner, das Deutsche etwas blumiger geraten. Wir lasen uns die Resultate vor, horchten sie auf Klang, Metaphorik und Semantik ab. Wir schmeckten sie ab wie zwei Köche, die des anderen Rezept nachkochen. Antonio Gamoneda war mir der genaueste, freundlichste, höflichste Kollege. Ich grüße ihn hier.

La gran poesía de otros idiomas nos ha sido transmitida, en su mayoría, por otros grandes poetas: Baudelaire a través de George, Valéry a través de Rilke, Mandelstamm a través de Celan. "Lo que no es poesía en sí, no puede ser traducción de poesía", dijo una vez Enzensberger. Este concepto también caracterizó el trabajo en común con mi colega español Antonio Gamoneda. Instruido y animado por nuestro intérprete, intentamos transferir de un idioma al otro, verso a verso, imágen a imágen, sentido a sentido. Estricta pero no pedantemente. Tal vez, de esa manera, el español ha salido más sobrio, el alemán algo más florido. Nos leíamos los resultados en voz alta, escuchábamos, controlando, sonido, metáfora y semántica. Los saboreábamos como dos cocineros que prueban la receta del otro. Antonio Gamoneda fue para mí el colega más preciso, amable y cortés. Le saludo con la presente.

Fabio Morábito / Ulrike Draesner

Fabio Morábito

Yo también estuve en un coro...

Yo también estuve en un coro,
en una voz sin grietas.
Jamás oí las voces
que debajo de esa voz
salían por una grieta, heridas.
Nunca aprendí la voz de cada rostro.
Desde que empezamos una sola voz
borró los rostros, las heridas.
Nuestro maestro sólo oía esa voz.
Pero sólo una voz herida es una voz audible.
No sé qué oían los que nos oían.

Fabio Morábito / Ulrike Draesner

Auch ich war in einem Chor...

Auch ich war in einem Chor,
Teil einer Stimme ohne Brüche.
Nie hörte ich die Stimmen
die unter dieser Stimme
aus einem der Brüche drangen, verletzt.
Nie lernte ich die Stimmen aller Gesichter kennen.
Seit wir anfingen, löschte eine einzige Stimme
die Gesichter, die Verletzungen aus.
Unser Leiter hörte nur diese Stimme.
Aber nur eine verletzte Stimme ist eine hörbare Stimme.
Ich weiß nicht, was jene hörten, die uns hörten.

Fabio Morábito

Mi padre siempre trabajó en lo mismo...

Mi padre siempre trabajó en lo mismo.
Él tan voluble,
que entró y salió de tantas compañías,
toda la vida trabajó en el plástico,
tal vez porque nació donde no había montañas,
en un país que no era el suyo,
y lo sedujo una materia así,
desmemoriada de su origen,
que sabe regresar a su contorno
como el cuerpo
y que se saca de lo más profundo: del petróleo,
donde se borran los países.
Porque mi padre aprecia,
en las personas y las cosas,
que sean flexibles.
Ajeno a las verdades que se empinan
y a los esfuerzos y rodeos
con que la savia aprende su camino,
poco proclive a la madera y a los credos,
a todo lo que pierde humor
y gana arrugas,
nació en la orilla de un desierto
donde la falta de relieves disuadía
de concienzudas búsquedas del alma.
Tal vez por eso lo sedujo el plástico,
que viene de lo más profundo,
del último escalón del mundo
que alcanzamos,
de donde sube el sueño de una vida
adolescente y mágica,
irrompible,
sin esos nudos que en la superficie
delatan un penoso crecimiento.
Lo que nos viene

Fabio Morábito / Ulrike Draesner

Mein Vater arbeitete immer das Gleiche

Mein Vater arbeitete immer das Gleiche.
Er, der so rastlos war,
der bei so vielen Unternehmen eintrat, austrat,
arbeitete sein ganzes Leben lang mit Kunststoff,
vielleicht weil er geboren wurde, wo es keine Berge gab,
in einem Land, das nicht das seine war,
und ihn ein Stoff verführte,
der seinen Ursprung vergisst,
aber versteht, zu seiner Form zurückzukehren
wie der Körper
und geschöpft wird aus tiefster Tiefe: dem Erdöl,
dort, wo Länder nicht existieren.
Denn mein Vater schätzte
Beweglichkeit
an Menschen wie Dingen.
Fremd waren ihm Wahrheiten, die sich erheben,
und die Mühen und Umwege,
dank derer Pflanzensaft seinen Weg findet,
wenig neigte er zu Holz und Glaubensbekenntnissen,
allem, was Humor verliert
und sich mit Falten ziert,
geboren am Ufer einer Wüste,
wo das Fehlen aller Unebenheiten fernhält
von den feinen Suchbewegungen der Seele.
Deswegen vielleicht verführte ihn der Kunststoff,
der aus tiefster Tiefe kommt,
der letzten Stufe der Welt,
die wir erreichen,
wo der Traum eines Lebens aufsteigt,
jugendlich und magisch,
unzerbrechlich,
ohne diese Knoten, die an der Oberfläche
schmerzliches Wachstum verraten.
Was zu uns kommt

de lo más profundo,
nos viene como un soplo
o como un sueño,
y a los que me inquirían
sobre qué hacía mi padre,
toda la vida contesté:
trabaja en materiales plásticos,
como una fórmula esotérica.
¿Toda la vida yo también
trabajaré en lo mismo,
en la escritura,
en la palabra plástica y no rígida,
que es la palabra que se saca de lo más profundo?
¿De qué petróleo íntimo
nos salen las palabras que escribimos
y a qué profundidad
brota el estilo sin esfuerzo?
¿Qué tan al fondo
están las gotas de lenguaje
que nos curan
y nos redimen de la superficie
hablada?
Voluble como él, nacido
donde le tocó nacer,
busco lo mismo: una lisura que no existe,
una materia fácil como un soplo,
algo que dicho y repetido no se arrugue
y vuelva exactamente a su contorno.

Fabio Morábito / Ulrike Draesner

aus der tiefsten Tiefe
kommt uns zu wie ein Hauch
oder ein Traum,
und jenen, die nachbohrten,
was mein Vater denn machte,
antwortete ich ein Leben lang:
"er arbeitete mit Kunststoffen",
wie eine esoterische Formel.
Werde auch ich das ganze Leben
das Gleiche arbeiten
vertieft ins Schreiben,
in das plastische, nicht starre Wort,
jenes Wort, geschöpft aus tiefster Tiefe?
Aus welchem innerem Erdöl
fließen uns die Worte an, die wir schreiben,
und in welcher Tiefe
blüht ein ungezwungener Stil?
Wie tief am Grunde
liegen die Tropfen der Sprache,
die uns heilen
und erlösen von der Oberfläche,
die sich spricht?
Rastlos wie er, geboren,
wo der Zufall es wollte,
suche ich das Gleiche: eine Glätte, die es nicht gibt,
einen Stoff, einfach wie ein Hauch,
etwas, das gesagt und wiederholt, sich nicht faltet
und exakt zurückkehrt in seine Form.

Ulrike Draesner

frühsprachen

die wiesen wären rot, die zungen grün
grün das blut, die bäume rot
gesichter vor freude grün,
rot bei übelkeit, rot
der schimmel wie die wiesen,
geriffelte schlünde grün,
kupferspanrot die ampeln,
wenn wir führen, rot
die wiesen, der schleim.
laufschriftbänder grün,
wie früher die wiesen,
die rot wären,
wie früher
die zungen und gaumen
wären deine grünen augen
rot, ich rutschte hindurch,
fingernägel wüchsen grün
wie blut, grün
die farbe des zorns, grün
bedeutete "herz", unser schleim
wäre rot, rot
wie hinter den ohren,
glühwürmchen leuchteten grün
adern unter der haut,
die grüne lippen berührten,
brennesseln wären rot,
wie die bereitschaftslichter
der geräte, die grün wären, da die
wiesen rot wären, als wären sie
zungen gewesen, und der himmel
wäre noch immer blau,
wir gingen aufrecht,
du wärest hier.

idiomas previos

los prados serían rojos, las lenguas verdes,
verde la sangre, los árboles rojos,
los rostros verdes de alegría,
rojos de malestar, rojo
el moho como los prados,
verdes las fauces al abrirse,
de óxido rojo los semáforos
si fuéramos de viaje,
rojos los prados, la flema,
verde la luz de los bomberos,
como antes los prados,
que serían rojos,
como antes las lenguas, los paladares,
y tus ojos verdes serían
rojos, me marearía al mirarlos,
las uñas crecerían verdes
como la sangre, verde
el color de la ira y el corazón
y el verde serían la misma cosa,
la flema
sería roja, roja
como el sonrojo de los niños,
que ya no sería sonrojo, sino sonverde,
y las luciérnagas
darían luz verde como venas
bajo la piel
que labios verdes rozarían,
las ortigas serían rojas
como las lucecitas
de los aparatos dormidos,
que serían verdes, ya que
los prados serían rojos, como si fueran
lenguas, y si el cielo
siguiera siendo azul,
andaríamos livianos
y tú estarías conmigo.

Ulrike Draesner

daddy longbein

und sie sagten
wie er immer immer
zahle sagten dass er
einmal komme lange hin
wie er niemals niemals
trinken würde tee. ich
drehte eine, zog, dann er,
wie er niemals niemals?
nachts schwamm ein
mond das zimmer um
wie er immer immer
sagten sie ich roch an
seiner haut und schwoll
niemals niemals fällt
hier schnee. flaschen
brachen licht wie finger
wie er niemals niemals
drehte meine locken aus zog
daran wie er immer immer
sagten sie diese finger
beim abschied über
wangen wände sagte er
dass er niemals niemals
(dass er niemals niemals)
wie er immer immer sagten sie

papito piernas largas

y ellos decían cómo él
pagaba siempre, siempre,
y decían que alguna vez
iría a venir y cómo
nunca, nunca lo veríamos

tomar un té. Lié un cigarro,
di una fumada y él dio otra
¿cómo nunca, nunca?
Por las noches una luna
nadaba en la recámara

y ellos decían cómo él siempre, siempre,
yo no dejaba de olisquearlo todo
hasta inflamarme
y nunca, nunca cae
la nieve aquí. Botellas rompen

la luz como los dedos
y cómo él nunca, nunca
desenrollaba cada bucle de mi pelo
y lo jalaba y cómo él siempre, siempre,
ellos decían esos dedos

en la despedida sobre
mejillas y paredes él decía
que él nunca, nunca
(que él nunca, nunca)
y cómo él siempre, siempre, ellos decían.

Fabio Morábito sobre/über Ulrike Draesner

El poeta A y la poeta B hablan y escriben en dos lenguas diferentes. Ninguno de los dos conoce (excepto unas cuantas palabras) el idioma del otro. Se comunicarán entre sí a través del intérprete C. Cada poeta desea traducir un puñado de poemas del otro poeta. Cabe aclarar que tanto A como B han traducido anteriormente poesía y aquellos que han leído sus traducciones opinan que son muy buenas, pero esta es la primera vez que intentan hacerlo de un idioma que no conocen. Nerviosos, se miran y sonríen. El intérprete C también sonríe. En realidad no ha sonreído, como suponen A y B, sino que acaba de traducir las sonrisas de A y B. A continuación la poeta B tiene un ataque de tos, y C empieza a toser, traduciéndole a A la tos de B, y cuando A estornuda, C estornuda también. A y B se dan cuenta de lo que ocurre y se miran preocupados. Puntilloso, C se preocupa como ellos, incluso más, puesto que está traduciendo no una, sino dos preocupaciones. A y B se levantan de la mesa y empiezan a gritar. C grita en seguida, el doble de fuerte. A y B corren a la ventana, la abren y piden auxilio, cada uno en su idioma. C, junto a ellos, traduce ambas peticiones de auxilio. A y B, a punto de enloquecer, se tiran al vacío. C, meticuloso, opina que ese pasaje es intraducible, cierra la ventana y regresa a la mesa.

Fabio Morábito

Der Dichter A und die Dichterin B sprechen und schreiben in zwei verschiedenen Sprachen. Keiner von beiden kennt (abgesehen von ein Paar Worten) die Sprache des Anderen. Sie werden mit Hilfe eines Dolmetschers C miteinander kommunizieren. Jeder der Dichter möchte eine handvoll Gedichte des anderen Dichters übersetzen. Es sollte klargestellt werden, dass sowohl A als auch B bereits Lyrik übersetzt haben, und diejenigen, die diese Übersetzungen gelesen haben, befinden sie für sehr gut; aber dieses ist das erste Mal, dass sie es mit einer Sprache versuchen, die sie nicht kennen. Nervös blicken sie sich an und lächeln. Dolmetscher C lächelt auch. Tatsächlich hat er nicht gelächelt, wie A und B glauben, sondern hat er soeben das Lächeln von A und B übersetzt. Anschließend hat die Dichterin B einen Hustenanfall und C beginnt zu husten, wodurch er für A das Husten von B dolmetscht und wenn A niest, niest auch C. A und B merken, was geschieht und blicken sich besorgt an. Heikel, C sorgt sich, wie sie, sogar noch mehr, da er ja nicht eine, sondern zwei Sorgen übersetzt. A und B stehen vom Tisch auf und beginnen zu schreien. C schreit auch sofort, doppelt so stark. A und B laufen zum Fenster, öffnen es und bitten um Hilfe, jeder in seiner Sprache. C, an ihrer Seite, übersetzt beide Hilferufe. A und B, kurz vorm Verrücktwerden werfen sich in die Leere. C, peinlich berührt, hält diese Stelle für unübersetzbar, schließt das Fenster und kehrt zum Tisch zurück.

Ulrike Draesner über/sobre Fabio Morábito

Irgendwann, gegen Ende, saßen wir auf einer Bühne und sprachen über Erdöl und Fliegen, und über jene Tropfen von Sprache unter der Haut, die wir, jeder bei sich, kannten als Gedicht.

En algún momento, hacia el final, estábamos sentados en un escenario y hablábamos sobre petróleo y moscas, y sobre aquellas gotas de lenguaje bajo la piel que cada uno para sí mismo conocía como poema.

Eugenio Montejo / Helwig Brunner

Eugenio Montejo

Los árboles

Hablan poco los árboles, se sabe.
Pasan la vida entera meditando
y moviendo sus ramas.
Basta mirarlos en otoño
cuando se juntan en los parques:
sólo conversan los más viejos,
los que reparten las nubes y los pájaros,
pero su voz se pierde entre las hojas
y muy poco nos llega, casi nada.

Es difícil llenar un breve libro
con pensamientos de árboles.
Todo en ellos es vago, fragmentario.
Hoy, por ejemplo, al escuchar el grito
de un tordo negro, ya en camino a casa,
grito final de quien no aguarda otro verano,
comprendí que en su voz hablaba un árbol,
uno de tantos,
pero no sé qué hacer con ese grito,
no sé cómo anotarlo.

Eugenio Montejo / Helwig Brunner

Die Bäume

Die Bäume sprechen wenig, wie man weiß.
Ihr ganzes Leben verbringen sie meditierend
und bewegen ihre Äste.
Es genügt, sie im Herbst zu betrachten,
wenn sie sich in den Parks versammeln:
es unterhalten sich nur die Ältesten,
die, die Wolken und Vögel verteilen,
aber ihre Stimme verliert sich im Laub
und sehr wenig erreicht uns, fast nichts.

Es ist schwierig, ein schmales Buch zu füllen
mit den Gedanken der Bäume.
In ihnen ist alles vage, bruchstückhaft.
Heute zum Beispiel, beim Hören des Schreis
einer schwarzen Drossel, bereits auf dem Weg nach Hause
(des letzten Schreis von ihr, die keinen Sommer mehr erwartet),
verstand ich, dass aus ihrer Stimme ein Baum sprach,
einer von so vielen,
aber ich weiß nicht, was ich mit jenem Schrei anfangen soll,
weiß nicht wie ihn aufschreiben.

Pájaros sin pájaros

No, por supuesto, pájaros novicios
de canto incierto, desigual o falso.
– Otros sonidos y otras alas.
Hablo de todo Schubert entre vuelos errantes,
del rapto oído en un gorjeo
que suba a más
octava por octava.
Hablo de pájaros sin yo, sin ningún pico,
celestes y sin patas,
pájaros que sean tan sólo música
en el ascenso más alto de los aires.
No, por supuesto, pájaros tenores,
gordos, falsarios, de pesadas plumas,
sino flechas que se desprendan de alguna partitura
y al cielo suban, o más allá, sin pausa,
arrebatando el corazón de quien escuche
y agradecido calle...
– Deben creerme. Hablo de sones puros,
de pájaros sin pájaros.

Eugenio Montejo / Helwig Brunner

Vögel ohne Vögel

Nein, natürlich keine unerfahrenen Vögel
mit dem Gesang des Anfängers, unbeständig oder falsch.
– Andere Klänge und andere Schwingen.
Ich spreche vom gesamten Schubert in schweifenden Flügen,
von einem Ausbruch, im Gezwitscher gehört,
das hinaufsteigt
Oktave um Oktave.
Spreche von Vögeln ohne Ich, ganz ohne Schnabel,
himmelblau und ohne Beine,
Vögel, die einfach nur Musik sind
im höchsten Aufstieg der Lüfte.
Nein, natürlich keine Vogeltenöre,
dicke, lügenhafte, mit schweren Federn,
sondern Pfeile, die sich von einer Partitur lösen
und himmelwärts steigen oder darüber hinaus, ohne Pause
das Herz dessen betören, der zuhört
und dankbar verstummt ...
– Glauben Sie mir. Ich spreche von reinen Klängen,
von Vögeln ohne Vögel.

Helwig Brunner

Wolken
Claude Debussy: Erste Sonate für Cello und Klavier

Der Körper deiner Stimme ist schwer
wie die aufgetürmten Wolken über den Alpen.
Gipfel, fiktiv und veränderlich,
erniedrigen das Gebirge, bis es
flach daliegt als Landkarte seiner selbst.

Die starken Saiten, heruntergespannt
und festgemacht an den Wipfeln der Fichten,
lassen sich nur zupfen, nicht streichen,
und das nur in genauen Momenten.

Was indessen der Bogen fasst, ist flüchtig
wie ein Steinschlag oder die Erinnerung
daran, wie sich die zugewandte Hälfte
meines Körpers neben dir erwärmte,
als wären wir ein früher Morgen im Sommer.

Helwig Brunner / Eugenio Montejo

Nubes
Claude Debussy: Primera Sonata para violoncello y piano

El cuerpo de tu voz es pesado
como las nubes que se amontonan sobre los Alpes.
Cumbres ficticias y cambiantes
rebajan la montaña hasta que
se aplana como un mapa de sí misma.

Las cuerdas fuertes, tensas hacia abajo
y ajustadas a las copas de los pinos,
no son para tocar, se puntean,
pero sólo en momentos precisos.

En tanto, lo que capta el arco es efímero
igual que una luz de rocas o el recuerdo
de cómo la mitad de mi cuerpo
se entibiaba reclinada junto a ti,
como si fuésemos una mañana de verano.

Helwig Brunner

Übergriffe
Terry Riley: The Ecstasy (from Salome Dances of Peace)

Der Krieg ist der Vater aller Kriege.
Er bedient sich toter Phrasen,
federt und teert, ballt sich zusammen.
Er erntet den stummen Zorn
und drischt ihn aus.

Auch Strategen haben Ohren voller Töne.
Sie wollen vielleicht nicht alles, was sie wollen.
Aber die Märsche erschöpfen sich
an der Gegenstandslosigkeit der Landschaft,
die taub daliegt, atmet und wartet.
Und die Sturzflüge, nein, auch sie
sind nicht bodenlos.

Von unblutigen Küsten lässt sich reden
eine Ebbe lang, vielleicht auch länger.
Beides gibt es, Begehren und Aufbegehren.
Oft fällt es ineinander: synkopische Übergriffe,
an denen die Erwartung bricht.
Und beides hält inne, beides endet.

Helwig Brunner / Eugenio Montejo

Introvisiones
Terry Riley: El Éxtasis / Danzas de paz de Salomé

La guerra es la madre de todas las guerras,
usa una berborrea mortífera.
Se denigra y humilla, se compacta,
cosecha el odio mudo

También los estrategas tienen oídos llenos de música.
Quizá no quieran todo lo que dicen.
Pero las marchas se agotan
por la futilidad del paisaje
que yace sordo y respira esperando.
No así los vuelos en picada;
tampoco a ellos les falta suelo

Se puede hablar de costas sin sangre
durante una bajamar, quizá más tiempo.
Conviven el deseo y la resistencia
y a menudo se fusionan: sincopadas introvisiones
en la que rompe la espera,
y así ambos se interrumpen, ambos finalizan

Eugenio Montejo sobre/über Helwig Brunner

El Taller de traducción 2005 fue una bella experiencia. Creo que lo novedoso del modelo atrajo de tal modo a los participantes que casi todos nos anticipábamos al horario de comienzo o lo prolongábamos a su término. Por mi parte, sentí que en Berlín se revivía, por unos cuantos días, la antigua y olvidada casta de los escribas. Tal vez por eso, cuando visité la sala de egiptología del Kulturforum, fui directamente a ver la escultura de Toth, el dios de la escritura, representado con cuerpo de hombre y cara de pájaro, "el señor de las palabras divinas". Y creo que entonces nos entendimos sin intérprete.

Die Übersetzungswerkstatt 2005 war eine wunderbare Erfahrung. Ich glaube, dass das Neue an diesem Modell die Teilnehmer in solch einer Weise angezogen hat, dass wir fast alle vorzeitig mit der Arbeit begonnen oder sie deutlich überzogen haben. Ich meinerseits fühlte, dass in Berlin für einige Tage die antike und vergessene Kaste der Schriftgelehrten wiederbelebt wurde. Vielleicht war dies der Grund dafür, dass ich, als ich die ägyptische Ausstellung im Kulturforum besuchte, direkt zur Skulptur des Toth, dem Gott der Schrift, ging, der mit Menschenkörper und Vogelgesicht den "Herrn der göttlichen Worte" darstellt. Und ich glaube, danach haben wir uns auch ohne Dolmetscher verstanden.

Helwig Brunner über/sobre Eugenio Montejo

Eugenio richtete während der Übersetzungsarbeit zahlreiche Fragen an meine Gedichte und förderte damit in gleichermaßen gründlicher wie respektvoller Weise die ganz verschiedene Stofflichkeit seiner und meiner Poesie zutage. Während mir nun seine Gedichte wie edler Wein gekeltert erscheinen, mit einer feinen erzählenden Grundnote und dem durchlässig darüber geschichteten Aroma parabelhafter Zweitbedeutungen, sind meine Verse aufgeladen mit homöopathischer Information, flimmernde Resonanzkörper, erfüllt von den geräuschhaft gebrochenen Eigenschwingungen der Welt, von der die Rede ist.

Durante el trabajo de traducción, Eugenio dirigió numerosas preguntas a mis poemas y evidenció, asimismo, tan minuciosa como respetuosamente, la muy distinta temática de su poesía y la mia. Mientras sus poemas me parecen vino noble prensado con una fina nota de fondo narrador y el aroma poroso apilado encima con parábolas de doble significado, mis versos están cargados de información homeopática, cuerpos de resonancia centelleantes, rellenos de las ruidosas vibraciones quebradas del mundo del que se trata.

Silvana Franzetti / Monika Rinck

Silvana Franzetti

Cartas de estación, fuera del silencio de ese idioma

Cartas de estación, fuera del silencio de ese idioma.
(Al menor malentendido escribo un punto.)
Franqueo simple:
es muy probable que ésta se pierda en el trayecto.
De ahí los diálogos recortables
en cualquier momento el tema pasa al clima
y es verano, no puedo atenerme tan bien al protocolo.
Los turcos mascan hip-hop en el andén
pero la música no está en la cara de nadie.
Doy por sentado el modo de empapelar la ciudad.

Como si se pudiera enumerar secretos

Como si se pudiera enumerar secretos:
hay un barullo encorsetado
entre los paréntesis
—antes se ajustaba, ahora no cede—,
hay un ritmo que
trasvasa el silencio, está por terminarse.
El tono extranjero se impregna a través de capas foliadas
la memoria de una voz prepara el lapsus.
Hay sonidos sin comas
y demasiadas películas dobladas.

Silvana Franzetti / Monika Rinck

Saisonale Briefe außerhalb des Schweigens dieser Sprache

Saisonale Briefe außerhalb des Schweigens dieser Sprache
(Beim kleinsten Missverständnis setze ich einen Punkt.)
Einfacher Postweg:
es ist sehr wahrscheinlich, dass dies darauf verloren geht.
Daher die Dialoge zum Ausschneiden
jeden Moment geht das Gespräch zum Wetter über
und es ist Sommer, ich kann mich nicht so gut ans Protokoll halten.
Türken kauen hip-hop auf dem Bahnsteig
aber die Musik steht in keinem Gesicht
Die Art, wie die Stadt plakatiert wird, versteht sich von selbst

Als ob man Geheimnisse aufzählen könnte

Als ob man Geheimnisse aufzählen könnte:
es gibt einen eingeschnürten Lärm
zwischen den Klammern
– erst war er eng, jetzt gibt er nicht nach -
es gibt einen Rhythmus, der
das Schweigen umfüllt, kurz bevor er am Ende ist.
Der fremde Akzent durchdringt die nummerierten Schichten
die Erinnerung an eine Stimme bereitet den *Lapsus* vor.
Es gibt Klänge ohne Kommas
und zu viele synchronisierte Filme.

Silvana Franzetti

Cada punto

Cada punto,
cada instantánea,
cada sonido apagado
tirados hacia mí desde las preguntas
parecen, antes que nada, artículos desbaratados
en un bazar. No los apila
la proximidad, sino cierta forma de avisarme
que no desvíe la mirada.

Si X

Si X
estuviera ausente
si por lo menos hubiese notado
que en el límite no hay más que líneas troqueladas,
caras, muertos, balsas que van, nubes, bandadas. Si X
se viera obligado a quedarse en la ironía
hasta entregar otras palabras,
pasaría a través de sí mismo.

Silvana Franzetti / Monika Rinck

Jeder Punkt

Jeder Punkt,
jeder Schnappschuss,
jeder gedämpfte Ton
mir zugeworfen von den Fragen
scheinen vor allem zusammengeschmissene Artikel
in einem Basar. Es stapelt sie nicht
die Nähe, sondern eine gewisse Art mich
davor zu warnen, den Blick abzuwenden.

Wenn X

Wenn X
abwesend wäre
wenn man zumindest bemerkt hätte
dass es an der Grenze nichts als perforierte Linien gibt,
Gesichter, Tote, losfahrende Floße, Wolken, Schwärme. Wenn X
sich verpflichtet sähe, in der Ironie zu verharren
bis er in der Lage wäre, neue Worte abzuliefern,
würde er sich selber durchqueren.

Monika Rinck

der letzte tag im süden

wir werden dir ein mittel spritzen
an diese bank im ferienhaus fixiert
sieh mal hier, wie deine stirne leuchtet
o - der schläfen glanz im stillen
widerschein des weißen lampenschirms
wie schön du bist, wie gut und
unvermutet ist das licht
durch deine adern läuft ein schimmer
und in der dunklen kammer nistet
radium - deine kleine grüne angst.

überall, bei allen anderen, regen sich visionen
doch nicht bei dir. bei dir ist alles
klar und scharf zu sehn, die etiketten, die kakteen.

alles da im broken glass der letzten nacht
die figurinen des begehrens, die zarten schäume
hier hat der liebe herrgott selbst mit seiner zunge
dir die deinige gelöst, du sprichst, wie schön
vom pharmakon, vom wedeln der platanen
und vor der türe stehn sie schon,
die schuhe die wir haben,
die säcke mit dem müll und der passat.

Monika Rinck / Silvana Franzetti

el último día en el sur

te vamos a inyectar un remedio
atatado a este banco, en la casa de vacaciones
mirá aquí, cómo brilla tu frente
oh – el resplandor de las sienes en el reflejo
silencioso de la pantalla blanca
qué hermoso sos, qué buena
e imprevisible es la luz
a través de tus venas fluye una luz tenue
y en el cuarto oscuro anida
el radio –tu pequeña angustia verde.

en todas partes, en todos los demás, nacen visiones
pero no en vos, en vos todo
se puede ver claro y nítido, las etiquetas, los cactus.
todo ahí en el broken glass de la última noche
los figurines del deseo, las espumas tiernas
aquí el mismísimo señor con su lengua
te hizo soltar la tuya, hablás, qué hermoso,
de los fármacos, de los plátanos que se mueven
y delante de la puerta ya están
los zapatos que tenemos
las bolsas con la basura y el passat.

Monika Rinck

teich

sagt er: das leid ist ein teich.
sag ich: ja, das leid ist ein teich.
weil das leid von fischen durchschossen
in einer mulde liegt und faulig riecht.
sagt er: und die schuld ist ein teich.
sag ich: ja, die schuld auch teich.
weil die schuld in einer senke schwappt
und mir bei hochgerecktem arm bereits
zur aufgedehnten achselhöhle reicht.
sagt er: die lüge ist ein teich.
sag ich: ja die lüge ebenso teich.
weil man im sommer des nachts
am ufer der lüge picknicken kann
und immer dort etwas vergißt.

Monika Rinck / Silvana Franzetti

estanque

dice él: el dolor es un estanque.
digo yo: sí, el dolor es un estanque.
porque el dolor yace en un valle
baleado por peces y huele a podrido.
dice él: y la culpa es un estanque.
digo yo: sí, la culpa también estanque.
porque la culpa se derrama en una hondonada
y me llega, con el brazo extendido,
hasta la axila elongada.
dice él: la mentira es un estanque.
digo yo: sí, la mentira asimismo un estanque.
porque en verano durante la noche
se puede hacer un picnic a orillas de la mentira
y ahí siempre se olvida algo.

Silvana Franzetti sobre/über Monika Rinck

Si, por sí misma, la poesía contrabandea mercaderías insólitas, en la traducción este material llega a pesar el doble. Además, si para traducir se encuentran dos poetas, entonces el peso de esas mercaderías se cuadruplica. Al atravesar la frontera, donde se hacen pases mágicos para simular que ese equipaje no está excedido, Monika Rinck fue una excelente cómplice de viaje.

Wenn die Poesie bereits an sich ungewöhnliche Ware schmuggelt, wiegt dieses Material in der Übersetzung sogar das Doppelte. Sobald sich außerdem zum Übersetzen zwei Dichter zusammenfinden, dann vervierfacht sich das Gewicht dieser Waren. Für das Überschreiten dieser Grenze, für das magische Passierscheine erstellt werden, um vorzutäuschen, dass dieses Gepäck kein Übergewicht hat, war Monika Rinck eine exzellente Reisekomplizin.

Monika Rinck über/sobre Silvana Franzetti

Eine Schwierigkeit unter all den anderen Schwierigkeiten (wobei: Übersetzungsschwierigkeiten sind gute Schwierigkeiten im Gegensatz zu finanziellen Schwierigkeiten oder bürokratischen Schwierigkeiten oder Schwierigkeiten bei der Einreise) war die, dass es im Spanischen kein Ü gibt. Wie macht es denn dann, das PHÜH? Und wir saßen an dem kleinen Tisch und intonierten immer wieder: PHÜH, bis es gelang sich ihm mittels eines vokalischen Work-Arounds von der anderen Seite aus anzunähern.

Una dificultad entre todas las demás dificultades (aunque las dificultades de traducción son buenas dificultades en comparación con dificultades financieras, dificultades burocráticas o dificultades de entrada en un país) fue el hecho de que en castellano no existe una "ü" [y:]. ¿Entonces cómo hace, el "PHÜH" [fy:]? Y estuvimos sentadas en la mesa pequeña entonando una y otra vez: phüh [fy:], hasta que conseguimos acercarnos a él desde el otro lado a través de un work-around vocálico.

Carmen Ollé / Frank Schablewski

Carmen Ollé

¿Quién te ama, Mishima?

La rutina, esa enemiga si tú y yo
caminamos de la mano
o si tú y yo nos sentamos en un café
a filosofar
filosofía de viejos harapientos
marido y mujer al fin y al cabo,

en la Martinica vivió Juan del Diablo
pasé mis años adolescentes en una embarcación de vela
como la de él
la oreja pegada a la radio,
has bajado los párpados cansada de oírme
el mismo tema,

fue Morita −entonces digo- el discípulo, quien le
asestó el golpe de gracia ¿sabes? Fue un mal golpe,

voces extranjeras se confunden con los
rugidos de las olas
ninguna es como tú, ninguna alcanza
tu pequeñez, querida... y
cómo odio ese sol
a las tres de la tarde
tus ojos vuelven a caer
son los de un dios tibetano.

¿Fue sólo el vino lo de aquella vez? ¿Lo crees?
¿Sólo el vino? Acaso fuera el vino
y sólo eso...
pero cada botón de tu blusa era uno menos y uno más
como me gusta
una tanga negra entre tus piernas
un poco sucia
como me gusta

Carmen Ollé / Frank Schablewski

Wer liebt dich, Mishima?

Die Routine, diese Feindin so wie du und ich
Hand in Hand gehen
so wie du und ich uns setzen in ein Café um zu philosophieren
Philosophie zerlumpter Alter
letzten Endes Mann und Frau,

auf Martinique lebte Johannes der Teufel
meine Jugendjahre habe ich auf einem Segelschiff verlebt
wie dem seinen
das Ohr am Radio
hast du die Lider gesenkt, müde, von mir zu hören das immer gleiche
Thema

Morita war es − sage ich dann − der Jünger, der ihm
den Gnadenstoß versetzt hat, weißt du? Ein schlechter Schlag war es
fremdartige Stimmen vermischen sich mit dem
Rauschen der Wellen
keine ist wie du, keine erreicht
deine Winzigkeit, Liebe … und
wie hasse ich diese Sonne
um drei Uhr nachmittags
deine Augen fallen wieder zu
und werden die eines tibetanischen Gottes.

War es nur der Wein, von jenem Mal? Glaubst du?
Nur der Wein? Notfalls war es der Wein
und allein der…
aber jeder Knopf deiner Bluse war einer weniger und einer mehr
wie es mir gefällt
ein Tanga schwarz zwischen deinen Beinen
ein wenig schmutzig
wie es mir gefällt

y ya no era yo sino otra
en la goleta de Juan
en la mismísima isla de mi infancia
el sol ya se había ocultado como ahora
las brujas bajaban a mi dormitorio
a recoger los papeles regados
el diablo duende escondido en el empotrado
detrás de la cortina
de noche
mi desidia ha de arrancarte mil dudas
cualquier elipsis por la que mi entendimiento
huye hacia la nada oscura
te hace daño a ti que has vuelto
de la traición al mar,

cruzas el mar con el jeep y cada ola
te hace soltar una carcajada purpúrea
los cabellos llenos de arena
la ropa pegada al cuerpo,
pendes de la absoluta ilusión.
Otra ola más, gritas, llena de dicha
me acerco desde la orilla y trepo
olvidada.

¿Qué viajeros, qué poetas se perdieron
en el tiempo, los océanos, los médanos
las hogueras encendidas
el sable en alto,
Morita?

Carmen Ollé / Frank Schablewski

und es war nicht ich sondern eine andere
auf Johannes' Zweimaster
auf der gleichen Insel meiner Kindheit
die Sonne hatte sich bereits versteckt wie jetzt
die Hexen schweben in mein Schlafzimmer
die verstreuten Papiere wiederzuholen
der Teufel als Kobold versteckte sich im Einbauschrank
hinter dem Vorhang
in der Nacht
muss in dir meine Fahrlässigkeit tausend Zweifel wecken
das ausgelassene durch das mein Verständnis
zum dunklen Nichts flieht
verletzt dich, die zurückgekehrt ist
vom Verrat zum Meer,

hat das Meer im Jeep überquert und jede Welle
geht hoch an dir wie purpurrotes Gelächter
die Haare voll Sand
die Kleidung an den Körper geklebt
hängst du am unbedingten Luftbild.

Noch eine Welle, schreist, das ganze Glück
nähere mich vom Ufer aus und klettere hoch
in Vergessenheit,

Was für Reisende, was für Dichter haben sich verirrt
in der Zeit, den Ozeanen, den Dünen
den gelegten Feuern
der gezogene Säbel,
Morita?

Carmen Ollé

Vicio

Hay una relación tan común que no quisiera insistir entre el oro la lujuria y el excremento en el paraíso a pesar de que la considero presente de una manera ordinaria, es decir inusitada para el que arribe de una región maravillosa sin lujuria sin oro y sin excremento. En efecto, el ano es un buen productor de lujuria, sin oro pero con excremento y del excremento nadie hace oro aunque la lujuria puede consistir en bañarse en cantidades sobrehumanas con su propia materia fecal y hasta convertirse en manjar como cierta vez vi en un film y el propio autor vio en otro autor y éste a su vez fue testigo de alguna bacanal, y así hasta la misma fuente o inicios del proceso literario, quiero decir que alguna vez alguien lo vio realmente y aquello inspiró su talento.
Entonces hasta el arte ama el excremento y el poeta se vuelve vidente.
Podrían, por ejemplo, escuchar a uno de los más ilustres poetas castellanos vilipendiar a los sodomitas amparado en su estro fecal.
Aquella musa no es Cinthia ni Clodia ni Beatriz, es simplemente el material en primera línea cincelado convenientemente, a la vanguardia del sentimiento más puro y estético, el amor, o una daga acaricia el objeto en el ofrecimiento de una virgen desnuda e imberbe. Yo lascivo al yo que habla sin control.
Ama la daga y lo que la ha salpicado en su excursión secreta: índigo carmín verde de pubis virgen/anal.
Loba que en la noche es ella misma, pura, ella misma, la bestia en sí misma, perfecta y emperador.

Carmen Ollé / Frank Schablewski

Inzest

Es gibt eine allgemeine Beziehung zwischen dem Gold, der Lüsternheit und der Ausscheidung im Paradies, so alltäglich, dass ich sie nicht weiter betonen möchte, auch wenn ich sie auf eine so gewöhnliche Weise als präsent betrachte, das heißt, ungewöhnlich für den, der aus einer wunderbaren Gegend ohne Gold, ohne Lüsternheit und ohne Ausscheidung kommt. In der Tat ist der Anus ein guter Fabrikant des Luxus, ohne Gold allerdings mit Ausscheidungen, doch mit Ausscheidungen macht niemand Gold, obgleich Lüsternheit darin besteht, in übermenschlichen Mengen der eigenen fäkalen Materie zu baden und schlussendlich selbst zu einer Delikatesse zu werden, wie ich es einmal in einem Film sah, wo der Autor auch etwas bei einem anderen Autor sah, und dieser seinerseits wurde Zeuge einer Orgie, und so weiter bis zu gleichen Quellen oder Anfängen des literarischen Prozesses, will sagen, dass irgendwann einmal irgend jemand wirklich das gesehen hat, und es sein Talent inspirierte.

Also liebt ebenso die Kunst die Ausscheidung und der Dichter wird zum Hellseher.

Sie könnten zum Beispiel einen der berühmtesten kastilischen Dichter die Sodomiten verachten hören, geschützt durch seine fäkale Inspiration .

Jene Muse ist weder Cinthia noch Clodia noch Beatriz, einfach in erster Linie nur das Material, entsprechend gemeißelt, die Avantgarde des reinsten und ästhetischsten Gefühls, der Liebe, oder, ein Degen gleitet in der Gabe einer nackten und bartlosen Jungfrau über das Objekt. Ich lasziv zum Ich, das hemmungslos redet.

Sie liebt den Dolch und das, was sie während seines geheimen Abstechers bespritzt hat: das Indigoblau, Karminrot, Grün der jungfräulichen/analen Scham.

Die Wölfin, die nachts sie selbst ist, pures selbst, die Bestie in sich, perfekt und kaiserlich.

Frank Schablewski

Engelkadaver

zu Füßen von weitem auszunehmen die Fressen
vom Kopf das Haar jemandem graut
vor Kiefer
    fern
        Spannern einen Flügelschlag entfernt
mit letztem Körpereinsatz den Ruheschmerz
hoch gewürgt zu gelegenen Mäuler

himmelschreiend jeder Blüte gleich
hinter der anderen eine unersättlich scheint
der Engelkadaver steht bis zum Hals hinauf
geschlagen das gebrochene herzugeben
all
   es fällt schwer aufeinander die Lippen
blutleer gepreßt in die Seite jeder nach ging
in der Hand des anderen auf
          hören zu leben

von anderen der Schock sich zeitlich versetzt
im Wechselstrom zu Schwingungen
in der Sekunde jemand die Spannung
auf den Nullpunkt legt die Finger hinein
den Rest aus den Augen zu schließen
in einem löst das Gebundene die Betäubung
unfurchtbar gegenüber dem blütenbeschmiert
den Damm unterspült in Sichverliebenden

Frank Schablewski / Carmen Ollé

Cadáver de ángel

a los pies desde lejos destripa hocicos
de la cabeza clarean los pelos de punta
delante de un maxilar

                    polillas apartadas en un golpe de alas
con el ultimo esfuerzo del cuerpo en el dolor la calma
regurgitan oportunos picos

clamando al cielo cual flores
uno tras otro insaciables
el cadáver de ángel estira el cuello hinchado en alto
forzado a entregar los pedazos
todo
      el peso grave de los labios juntos al costado
sin sangre persigue
en distinta mano
                      ensordece para vivir
de otros el choque irradia con retardo
vibraciones de la corriente alterna
por un segundo con la tensión
al punto muerto los dedos recluyen el resto por los ojos
la atadura suelta el embotamiento
intemible frente al ser empolvado de sangre
socava la presa   amor enfrascado

Frank Schablewski

Zweigställe

wieder kauernd unter Alten gelegen
Brust an Brustkorb geflochten
aus Buschgräten aufgezogen
an einer Schnur
            gerade gleich
einem Ei dem anderen schön gefärbt
in leeren Zweigställen

auf halbmast
Bäume wie tot ausgesät
unter Rostgrenzen in der Luft
hängend mit brandrotem Laub
an geschlagenen Hölzern unbewegt
dunkel ohne Schnee zwischen Tannen

verschmilzt grün und blau
            Fäule vor Nässe
in verschwommenen Augenblicken kriechen
zögernd aufgelöst Traumbilder von Flecken
Erde verschmiert schweissverklebtes Haar
über Gebindeweben auf Gänsehäuten
fingerbreit vom Herzen entfernt

sich erinnert gefühlt an Ostermarschen
mit Gehäusen unter Gasmatten bedeckt
Hand in Hand alles aus der Nähe
wirkt wie ein Zwirngespinst
an ausgehobenen Armen jedes
Ende offen mit Blütenständern

Frank Schablewski / Carmen Ollé

Ramales

de nuevo acurrucado puesta entre los padres
pecho y cuévano del tórax se entrelazan
      espinazos de arbustos
en un hilo umbilical
          inmediato
un huevo igual a otro maquillados
en ramajes de nidos vacíos

a media asta
árboles sembrados muertos
bajo el punto de herrumbre
colgando entre el follaje al rojo vivo
madera talada inmóvil
oscuro sin nieve entre los pinos

derretido verde azul
          de humedad podrido
en momentos acuosos se arrastran
indecisas imágenes de sueños se desprenden de las manchas
embadurnados de tierra cabello pegajoso de sudor
con una gasa que cubre la piel erizada
a un dedo lejos del corazón

recuerda sentir las ciénagas del tiempo pascual
caparazones cubiertos de verde gas
pegado de la mano
como una madeja descabellada
en brazos desterrados cada
final se abre con bastiones de flores

Carmen Ollé sobre/über Frank Schablewski

Fueron 3 días de encerrona en los que me metí de lleno en la poesía cubista de Frank Schablewski, llena de texturas y colores, tratando todo el tiempo de respetar los múltiples significados que tiene cada palabra compuesta en alemán, con prefijos y sufijos que cambian, añaden, disparan el sentido de cada verso. Nuestro traductor Fernando Lasarte, un ingeniero de Valladolid tuvo que ser un poco mago y un poco tirano para reconciliarnos cuando Frank -por lo general muy exigente- y yo teníamos un desacuerdo o estábamos cansados. Mis poemas, más directos en su contenido que los del poeta alemán también fueron trabajados con toda la finura y empeño por Frank, de sólo 40 años, pero con mucho oficio

Es waren drei Tage des eingesperrt Seins, in denen ich gänzlich in die kubistische Poesie von Frank Schablewski, voller Texturen und Farben, eintauchte, wobei ich die ganze Zeit versuchte die Vieldeutigkeit jedes zusammengesetzten Wortes im Deutschen zu berücksichtigen, mit ihren Präfixen und Suffixen, die den Sinn jedes Verses verändern, ergänzen oder auslösen. Unser Dolmetscher Fernando Lasarte, ein Ingenieur aus Valladolid musste ein wenig Magier und ein wenig Tyrann sein, um uns miteinander zu versöhnen, wenn Frank, im Allgemeinen sehr anspruchsvoll, und ich nicht übereinstimmten oder müde waren. Meine Gedichte, direkter in ihrem Inhalt als die des deutschen Dichters, wurden auch mit allem Feinsinn und Eifer von Frank, erst 40 Jahre alt, aber sehr beflissen, bearbeitet.

Frank Schablewski über/sobre Carmen Ollé

Besonders erinnere ich mich an die Schwierigkeit, das Wort "blütenbeschmiert" in meinem Gedicht "Engelkadaver" aus Eros Ionen ins Spanische zu übertragen. Nach vielen Diskussionen hat Carmen Ollé es "mit Blut gepudert" übertragen, wobei es im Spanischen zu Assoziationen kommen soll, die meine Poetik exakter übertragen als es eine wortwörtliche je geleistet hätte.

Especialmente me acuerdo de las dificultades que tuvimos para traducir al español la palabra "blütenbeschmiert" (literalmente: embadurnado con flores) en mi poema "Cadáver de Ángel" de Eros Ionen. Tras muchas discusiones, Carmen Ollé la tradujo como "empolvado de sangre" que ha de causar en español asociaciones que transfieren mi poesía con una mayor exactitud de lo que una traducción literal hubiera podido.

Juan Antonio Masoliver Ródenas / Christian Uetz

Trátase en primer lugar
del pecho izquierdo
que es el que ciega
y el que ilumina como un faro
el pecho desplazado a la derecha
igualmente irrepetible. Espera.
Deja que anochezca continuamente
y se enciendan las cúpulas de mármol
y sus joyas o frutos, tan suaves
que parecen pezones.
Y ahora se iluminan los dos pechos
en las calles de mis ojos,
en la luz de su arena. Y arde
el vello y se incendia la guarida
en tus nalgas simultáneas.
Si vuelves a quererme
volverás a saber cómo es tu cuerpo.
El mío se ha perdido
entre gemidos.

Juan Antonio Masoliver Ródenas / Christian Uetz

Es handelt sich in erster Linie
um die linke Brust
die blendet
und wie ein Leuchtturm
die nach rechts verschobene Brust,
ebenfalls unwiederholbar,
erleuchtet. Warte.
Lass es immer einnachten
und die Marmorkuppeln entzünden sich
und ihre Perlen oder Früchte, so sanft
dass sie Brustwarzen zu sein scheinen.
Und nun erstrahlen die beiden Brüste
in den Straßen meiner Augen,
im Licht ihres Sternsands. Und es brennt
die Scham und es entzündet sich die Höhle
deines gleichzeitigen Hinterns.
Wenn du mich erneut liebst
wirst du deinen Körper neu erfahren.
Meiner hat sich
in Stöhnen verloren.

Juan Antonio Masoliver Ródenas

Ya sé el mal que se ha infiltrado
en nosotros.
Es el mal de las zarzas y de los insectos
en la tela de araña
y también las ascuas en los ojos
la noche de San Juan
y hasta septiembre
cuando las cepas se llenan de neblina.
Un mal que convivimos
si me escuchas.
Un dolor que te explico
y que no entiendo.
Tu desnudez me hace tiritar.
Tu amor me duele
porque no sé amar.
Señora de las zarzas
y de los incendios del verano:
¿por qué me invitas a la desdicha
si yo soy la desdicha?
¿Por qué no nos alejamos juntos
de nosotros
hasta el nido de arañas?

Juan Antonio Masoliver Ródenas / Christian Uetz

Ich weiß schon um das Übel, das sich
in uns eingeschlichen hat.
Es ist das Übel der Dornenbüsche und der Insekten
im Netz der Spinne
und auch die Glut in den Augen
die Johannisnacht
und bis September
wenn die Reben sich mit Nebel füllen.
Ein Übel, das wir teilen
wenn du mich hörst.
Ein Schmerz, den ich dir erkläre
und nicht verstehe.
Deine Nacktheit lässt mich frösteln.
Deine Liebe schmerzt
weil ich nicht lieben kann.
Herrin der Dornenbüsche
und des Sommers Brände:
Warum lädst du mich ins Unglück ein
wenn ich das Unglück bin?
Warum entfernen wir uns nicht gemeinsam
voneinander
bis zum Nest der Spinne?

Juan Antonio Masoliver Ródenas

Eres como una virgen de madera
que aúlla en el silencio.
En los páramos del silencio
gótico aúllo como un ciego
en los eriales de la belleza.
Desnuda, con los ojos cerrados,
escucha estas palabras
sin sonido, estas campanas
muertas entre efigies
de otros amores
que afirman este amor.

La carcoma en la luz
de las persianas.
Las sombras de la calle
en las sábanas.

Imágenes del agua
o del recuerdo
que ahora son súplicas
y suplicio.

Virgen con los ojos cerrados
y con el vello rubio del vientre
como nido de avispas.

El único artificio del amor
son las palabras de amor.

La virgen de la hornacina
y las velas que acarician
su rostro. Las velas
en los senos de cal polícroma.

Mañana la muerte
te dirá que no estoy.
La madera resquebrajada
es un rumor de árboles.

Juan Antonio Masoliver Ródenas / Christian Uetz

Du bist wie eine Jungfrau aus Holz
die in der Stille heult.

In den Öden der gotischen
Stille heule ich wie ein Blinder
in den Brachen der Schönheit.

Nackt, die Augen geschlossen,
lausche diesen tonlosen
Worten, diesen toten Glocken
zwischen den Bildnissen
anderer Lieben
die diese Liebe bestätigen.

Der Wurmstich im Licht
der Rollläden.
Die Schatten der Straße
auf den Bettlaken.

Bilder des Wassers
oder der Erinnerung
die nun Flehen
und Folter sind.

Jungfrau mit geschlossenen Augen
und blondem Haar des Bauches
wie ein Nest von Wespen.

Die einzige Künstlichkeit der Liebe
sind die Liebesworte.

Jungfrau der Nische
und die Kerzen die ihr Gesicht
streicheln. Die Kerzen
auf den Brüsten aus vielfarbigem Kalk.

Morgen sagt dir der Tod
dass ich nicht bin.
Das zerspaltene Holz
ist ein Murmeln der Bäume.

Christian Uetz

Ich komme nicht zur Existenz. Ohne Wort komme ich nicht zur Existenz, und mit dem Wort komme ich auch nicht zur Existenz, sondern zur Nichtexistenz. Und alles Leiden ist das Leiden zur Geburt der Existenz, dass ich zur Existenz komme. Es ist nicht möglich, mir das einfach bewusst zu machen und damit zur Existenz zu kommen. Ich komme nicht zur Existenz, auch nicht bei noch so hellem Bewusstsein. Es genügt auch nicht, an Gott zu glauben und Gott zu denken, ich komme dennoch nicht zur Existenz. Ich komme nur zum Leiden daran, dass ich nicht zur Existenz komme, zur Existenz Gottes, der nicht existiert. Das scheint verkehrt, weil wir doch im Schein des Bewusstseins gerade nicht nicht zur Existenz, sondern nicht zur Nichtexistenz kommen, welche die Existenz ist. Das ist das schimmerndste Paradox, dass gerade dem Bewusstsein der Blitz fehlt, der die Existenz ist. Und schon dreht sich die Umkehr Nietzsches wieder um. Er hat geblitzt mit der Nichtexistenz, und hat in die Existenz eingeschlagen: Erst in der Nichtexistenz Gottes kommst du zur Existenz. Und also dadurch: die Nichtexistenz ist überhaupt die Existenz. Komme ich also jetzt zur Existenz? Komme ich selber, der ich von der kommenden Existenz schreibe, denn nun zur Existenz? Ich fühlte es während des Denkens des Gedankens, nun aber ist es schon wieder geflohen. Ich komme nicht zur Existenz. Es nützt nichts, den Gedanken zu denken. Obwohl er wahr ist, nützt er nichts und führt er zu nichts, das er ist. Und genau im Nichts des Worts ist die Nichtexistenz vergegenwärtigbar. Doch geschrieben oder gelesen oder gedacht ist es wie den Tod anderer sehen, nicht aber selber erfahren, solange ich nicht selber tot bin. Es geht aber ums Leben, und es kommt vom Wort. Ich komme ums Leben, wenn ich nicht zu Wort komme.

Christian Uetz / Juan Antonio Masoliver Ródenas

No Llego a la Existencia. Sin palabra no llego a la existencia, y con la palabra tampoco llego a la existencia, sino a la noexistencia. Y todo el sufrimiento es el sufrimiento por el nacimiento de la existencia, para que yo llegue a la existencia. No es posible simplemente tomar conciencia de esto y así llegar a la existencia. No llego a la existencia ni si quiera con una conciencia tan clara. No basta tampoco con creer en Dios y con pensar a Dios, no llego a la existencia. Sólo llego al sufrimiento de no llegar a la existencia, a la existencia de Dios, que no existe. Esto parece erróneo, porque en la luz de la conciencia no es justamente a la existencia que no llegamos, sino a la noexistencia, que es la existencia. Esta es la paradoja más brillante, que justamente a la consciencia le falte el rayo que constituye la existencia. Y así vuelve a darse vuelta la inversión de Nietzsche. Él brilló con la no existencia e impactó en la existencia: recién en la noexistencia de Dios llegas a la existencia. Y entonces: la no existencia es en realidad la existencia. ¿Llego, entonces, ahora a la existencia? ¿Acaso pues llego yo, el mismo que escribe sobre la existencia por venir a la existencia? Lo sentí mientras pensaba este pensamiento, pero ahora ya ha huido otra vez. No llego a la existencia. No sirve de nada pensar este pensamiento. Aunque es verdadero, no sirve de nada y no conduce a nada, y esta nada es él. Y precisamente en la nada de la palabra la noexistencia es imaginable. Aunque escrita o leída o pensada esta nada es como ver la muerte de los otros sin experimentarla uno mismo, mientras no esté yo muerto. Se trata sin embargo de la vida que viene de la palabra. Llego a la muerte, cuando no llego a la palabra.

Christian Uetz

ICH LASSE DICH einfallen;
und strahlhartes Licht schwertst mich aus.
Ihr Engel fällt mir ein;
ihr Tierengel, ihr Nacktengel alle;
ihr fällt auf uns über uns herein;
und füllt uns schamlos aus.
Hirnschwanzströme verlichten uns als all

Ein Geschlecht.

Christian Uetz / Juan Antonio Masoliver Ródenas

TE DEJO entrar;
Fulminante como el rayo espadeas conmigo.
Vosotros ángeles que imagino;
Vosotros ángelesanimales, Vosotros todos ángelesdesnudos;
Vosotros arremetéis contra nosostros sobre nosotros;
y nos saciáis desvergonzados.
Las corrientes del cerebro fálico nos inhundan a todos de luz

Un sexo.

Christian Uetz

In dir werde ich ganz ruhig ganz,
und wir kommen rastlos restlos zur Ruhe.
Zur Ruhe kommen wir so heftig,
dass wir ohnmächtig werden,

und ins Todkomische erwachen.

Und von dir der Schmerz sternt steinseelig,
damit der Schluss unendlich wird.
Du stummes Sterbelicht,
du zitterndes Nichts,
was will uns noch hinderlich werden?
Schusslicht flusst durch alle Poren,
damit das Ertrinken verschwimmen wird.
Und irrgernwann wird der Traum wahrer als der Raum,
das Erregen stärker als das Leben,
die Zeitlosigkeit tiefer als die Zeit,

und die Wunde barer als die Welt.

Christian Uetz / Juan Antonio Masoliver Ródenas

En ti me vuelvo muy tranquilo enteramente,
y llegamos incansables por completo a la calma.
A la calma llegamos con tanta intensidad
que nos desmayamos,

y nos despertamos en plena comedia.

Y desde ti el dolor se hace estrella dichoso de piedra,
para que el final se vuelva infinito.
Tú muda muerte-luz
tú nada, que tiemblas,
¿qué es lo que quiere aún volverse un estorbo para nosotros?
Luz que fluye por todos los poros,
para que el ahogarse se diluya.
Y ansiosamente en algún momento se volverá el sueño más verdadero que
el espacio,
la excitación más fuerte que la vida,
la atemporalidad más profunda que el tiempo,

y la herida más pura que el mundo.

Juan Antonio Masoliver Ródenas sobre/über Christian Uetz

Mis experiencias como traductor hasta ahora habían sido en solitario, en pareja o en unos talleres de traducción en la Universidad de Londres cuyos resultados se publicaban en la efímera revista Ecuatorial. La experiencia berlinesa ha sido única y altamente positiva: un traductor anónimo nos ofrecía una versión literal, sin las "infidelidades" de la poesía. Luego, un intérprete con muy buen conocimiento del español y del alemán hacía de puente entre Christian Uetz, que además tiene un buen conocimiento del español y del inglés, y yo. Los tres somos neuróticamente meticulosos. Como eran días soleados, unas veces trabajábamos en un aula y otras nos escapábamos como niños pequeños a la acogedora terraza del bar. Christian es un ser sufriente pero también generoso y con un extraordinario sentido del humor. Es, además, un gran poeta. En seguida descubrimos que éramos espíritus afines, como personas y como poetas. El resultado no fue una versión definitiva, nunca puede haberla en poesía, pero sí lo más cercano a los que ambos habíamos escrito. El lector español leerá a Uetz como podría leerlo un lector alemán. Y el lector alemán me leerá a mí sospecho que considerablemente mejorado.

Meine Erfahrungen als Übersetzer verliefen bisher entweder ohne Gesellschaft, mit Partner oder in Übersetzungswerkstätten an der Universität von London, dessen Ergebnisse in der kurzlebigen Zeitschrift "Ecuatorial" erschienen sind. Die Berlin-Erfahrung war einzigartig und äußerst positiv: ein anonymer Übersetzer bot uns eine wörtliche Übersetzung an, ohne die "Treulosigkeiten" der Poesie zu beachten. Später wirkte ein Dolmetscher mit sehr guten Spanisch- und Deutschkenntnissen als Brücke zwischen Christian Uetz, der zudem selbst gute Kenntnisse des Spanischen und Englischen hat, und mir mit. Alle drei sind wir neurotisch penibel. Da es sonnige Tage waren, arbeiteten wir manchmal in einem Raum und flüchteten andere Male, wie kleine Kinder auf die gemütliche Terrasse der Bar. Christian ist ein leidender Mensch, aber auch sehr großzügig und mit einem außergewöhnlichen Sinn für Humor. Er ist außerdem ein großer Dichter. Schon früh bemerkten wir, dass wir seelenverwandt waren, als Personen und als Dichter. Das Ergebnis war keine endgültige Version, eine solche wird es in der Poesie nie geben, aber doch dem am nächsten, was wir beide geschrieben hatten. Der spanische Leser wird Uetz lesen, wie ihn auch ein deutscher Leser lesen würde. Und der deutsche Leser wird mich, wie ich vermute, in deutlich verbesserter Form lesen.

Christian Uetz über/sobre Juan Antonio Masoliver Ródenas

juan antonio habe ich in rundweg herrlicher erinnerung, von grenzenloser herzlichkeit, mit der majestät des absurden, heiter in aller traurigkeit, voll feinem humor.

Guardo a Juan Antonio en un recuerdo rotundamente magnífico, de cordialidad ilimitada, con la majestuosidad de lo absurdo, sereno en la total tristeza, pleno de sutil humor.

Biografías / Biographien

Silvana Franzetti (n.1965 Buenos Aires, Argentina) es poeta y traductora. Sus poemas pueden encontrarse tanto en libros como en videopoemas, libros-objeto e instalaciones. El libro *Edición Bilingüe* ofrece una traducción ficcional de poemas del español al español. Tradujo a los poetas Hilde Domin, Rainer Kunze y Günter Kunert, entre otros.

Publicaciones (Selección): Destino de un hombre agitado (1994), Mobile (1999), Telegrafías (2001), Cuadrilátero circular (2002), Edición bilingüe (2006, en prensa), Publicaciones en antologías y en revistas, como "Diario de Poesía".

Galardones (Selección): Tercer Premio Nacional de Poesía: Tandil (1992).

Silvana Franzetti (*1965 in Buenos Aires, Argentinien) ist Dichterin und Übersetzerin. Ihre Gedichte sind sowohl in Büchern als auch in Form von Videopoesie, Objektbüchern und in Installationen zu finden. Der Gedichtband "Edición Bilingüe" stellt eine fiktive Übersetzung von Lyrik aus dem Spanischen ins Spanische vor. Sie übersetzte u.a. die Werke von Hilde Domin, Rainer Kunze und Günter Kunert.

Veröffentlichungen (Auswahl): Destino de un hombre agitado (1994), Mobile (1999), Telegrafías (2001), Cuadrilátero circular (2002), Edición bilingüe (2006, Presseveröffentlichungen), Veröffentlichungen in Anthologien und Zeitschriften, wie z.B. "Diario de Poesía".

Auszeichnungen (Auswahl): 3. Preis beim Nationalen Lyrikpreis: Tandil (1992).

Antonio Gamoneda (n.1931 Oviedo, España) es uno de los poetas más importantes de España. Su poesía, caracterizada por estructuras fuera de lo común y por imágenes luminosas, gira principalmente en torno a lo que él llama "la contemplación de la muerte". El pasado, lo perdido, arde en el camino de la vejez; el pensamiento poético despliega una lucidez creadora del "frío", noción, esta del frío, que se corresponde con la proximidad de la inexistencia.

Publicaciones (Selección): Descripción de la mentira (1977), Lápidas (1986), Libro del frío (1992), Arden las pérdidas (2003), Cecilia (2004).

Galardones (Selección): Doctor *honoris causa* por la Universidad de León, Premio Castilla y León de las Letras (1985), Premio Nacional de Poesía (1988), Prix Européen de Littérature (2006), Premio Reina Sofía de Poesía Iberoamericana (2006).

Antonio Gamoneda (*1931 in Oviedo, Spanien) ist einer der bedeutendsten Dichter Spaniens. Seine Lyrik charakterisiert sich durch leuchtende Bilder sowie Strukturen, die außerhalb des Gewöhnlichen liegen. Sie handelt überwiegend von dem, was er als "Kontemplation des Todes" bezeichnet. Die Vergangenheit, das Verlorene brodelt im Weg des Alterns; das poetische Denken entfaltet eine kreative Klarheit der "Kälte", eine Vorstellung von Kälte, die mit der Nähe zur Inexistenz einhergeht.

Veröffentlichungen (Auswahl): Descripción de la mentira (1977), Lápidas (1986), Libro del frío (1992), Arden las pérdidas (2003), Cecilia (2004).

Auszeichnungen (Auswahl): Ehrendoktorwürde an der Universidad de León, Preis Castilla y León de las Letras (1985), Nationaler Lyrikpreis (1988), Prix Européen de Littérature (2006), Reina Sofía-Preis für iberoamerikanische Lyrik (2006).

Clara Janés (n.1940 Barcelona, España) es conocida como una de las „poetas más grandes de España". Sus poemas abarcan cuanto al hombre le atañe, ya sean el amor y el erotismo, ya los paisajes y animales, las piedras o temas que surgen de la física, la astronomía e incluso la matemática. La lírica de Janés se presenta sin accesorios: es un continuo hacer y deshacer de caminos.

Publicaciones (Selección): Kampa (1986), Rosas de fuego (1996), Arcángel de sombra (1998), La indetenible quietud (en colaboración con Eduardo Chillida 1998), Los secretos del bosque (2002), Paralajes (2002), Fractales (2005), Huellas sobre una corteza (2005).

Galardones (Selección): Premio Ciudad de Barcelona de poesía (1983), Premio de la Fundación Tutav, de Turquía (1992), Premio Nacional de Traducción (1997), Premio Ciudad de Melilla (1998), Medalla del Mérito de Primera categoría de la República checa (2000), Premio de poesía Jaime Gil de Biedma (2002), Medalla de oro del Mérito en las Bellas Artes (2005).

Clara Janés (*1949 in Barcelona, Spanien) ist bekannt als eine der "größten Dichterinnen Spaniens". Ihre Gedichte umfassen alles, was den Menschen betrifft, seien es die Liebe und die Erotik oder die Landschaften und Tiere, die Steine oder Themen aus der Physik, der Astronomie, aber auch der Mathematik. Die Lyrik von Janés ist jeglicher Nebensächlichkeit fern: Sie zeugt von einem kontinuierlichen Schaffen und Auflösen von Wegen.

Veröffentlichungen (Auswahl): Kampa (1986), Rosas de fuego (1996), Arcángel de sombra (1998), La indetenible quietud (in Zusammenarbeit mit Eduardo Chillida 1998), Los secretos del bosque (2002), Paralajes (2002), Fractales (2005), Huellas sobre una corteza (2005).

Auszeichnungen (Auswahl): Lyrikpreis der Stadt Barcelona (1983), Preis der Stiftung Tutav, Türkei (1992), Nationaler Übersetzerpreis (1997), Ciudad de Melilla-Preis (1998), Verdienstmedaille Ersten Grades der Tschechischen Republik (2000), Jaime Gil de Biedma−Preis für Poesie (2002), Goldmedaille für Verdienste in den Bildenden Künsten (2005).

Juan Antonio Masoliver Ródenas (n.1939 Barcelona, España) es poeta, narrador, traductor y crítico literario de *La Vanguardia*. Su poesía es esencialmente un monólogo interior que se caracteriza por asociaciones de tipo inconsciente y por moldearse en torno a retazos de recuerdos, erotismo y alucinación. Se trata de una lírica, conmovedora en su desolación que rechaza todo convencionalismo y la idealización del pasado.

Publicaciones (Selección): El jardín aciago (1985), Los espejos del mar (1998), Poesía reunida (1999), Las libertades enlazadas (2000), La puerta del inglés (2001), La memoria sin tregua (2002), Voces contemporáneas (2004), La noche de la conspiración de la pólvora (2006).

Juan Antonio Masoliver Ródenas (*1939 in Barcelona, Spanien) ist Dichter, Erzähler, Übersetzer und Literaturkritiker der Zeitung "La Vanguardia". Seine Lyrik ist im Wesentlichen ein innerer Monolog, der sich durch unbewusste Assoziationen auszeichnet und Bruchstücke der Erinnerung, Erotik und Halluzination thematisiert. Es handelt sich um Lyrik, die, in ihrer Trostlosigkeit sowie der Ablehnung von jeglichem Konventionalismus und der Idealisierung der Vergangenheit, ergreifend ist.

Veröffentlichungen (Auswahl): El jardín aciago (1985), Los espejos del mar (1998), Poesía reunida (1999), Las libertades enlazadas (2000), La puerta del inglés (2001), La memoria sin tregua (2002), Voces contemporáneas (2004), La noche de la conspiración de la pólvora (2006).

Eduardo Milán (n.1952 Rivera, Uruguay) es poeta y ensayista. En sus juegos con el sonido del lenguaje expresa una preocupación existencial por lo efímero y la situación del ser humano en el mundo actual. La palabra significa para él un puente hacia el más allá. Su poesía es un acto crítico sobre el lenguaje y sobre la poesía misma que resuelve en una voz propia y única.

Publicaciones (Selección): Cuatro poemas (1990), Errar (1991, 1998), Razón de amor y acto de Fe (2001), Querencia, gracias y otros poemas (2003), Ganas de Decir (2004), Acción que en un momento creí gracia (2005), Habla (2005), Unas palabras sobre el tema (2005).

Galardones (Selección): Premio Nacional de Poesía Aguascalientes (1997), Premio de Poesía Édita (1998), Sistema Nacional de Creadores de Arte (2000-2003).

Eduardo Milán (*1952 in Rivera, Uruguay) ist Dichter und Essayist. In seinen Spielen mit dem Klang der Sprache drückt er eine existentialistische Sorge um die Vergänglichkeit und den Zustand des menschlichen Seins in der gegenwärtigen Welt aus. Das Wort bildet für ihn eine Brücke zum Jenseits. Seine Poesie stellt eine kritische Handlung zur Sprache und Poesie selbst dar, die er in einer eigenen, einzigartigen Stimme auflöst.

Veröffentlichungen (Auswahl): Cuatro poemas (1990), Errar (1991, 1998), Razón de amor y acto de Fe (2001), Querencia, gracias y otros poemas (2003), Ganas de Decir (2004), Acción que en un momento creí gracia (2005), Habla (2005), Unas palabras sobre el tema (2005).

Auszeichnungen (Auswahl): Nationaler Lyrikpreis Aguascalientes (1997), Poesía Édita-Preis (1998), Nationales System für Kunstschaffende (2000-2003).

Eugenio Montejo (n.1938 Caracas, Venezuela) estudió Derecho, es poeta, ensayista y fue Consejero cultural en Portugal. Combina la memoria humana con una visión de la naturaleza que incide e interviene de forma activa en nuestra vida. Su lírica se caracteriza por una variada gama textual y el gran dominio de las formas, que excluye lo divagatorio y deshilvanado.

Publicaciones (Selección): Elegos (1967), Muerte y memoria (1972), Algunas palabras (1977), Terredad (1978), Trópico absoluto (1982), Alfabeto del mundo (1986), Partitura de la cigarra (1999), Papiros amorosos (2002).

Galardones (Selección): Premio Nacional de Literatura (1998), Premio Internacional Octavio Paz de Poesía y Ensayo (2004).

Eugenio Montejo (*1938 in Caracas, Venezuela) studierte Rechtswissenschaften, ist Dichter, Essayist und war Kulturreferent in Portugal. Er verknüpft die menschliche Erinnerung mit dem Bild einer Natur, die aktiv auf unser Dasein Einfluss nimmt und darin eingreift. Seine Lyrik charakterisiert sich durch eine abwechslungsreiche Textauswahl und die große Beherrschung von verschiedenen Formen, wodurch das Abschweifende, Zusammenhangslose ausgeschlossen wird.

Veröffentlichungen (Auswahl): Elegos (1967), Muerte y memoria (1972), Algunas palabras (1977), Terredad (1978), Trópico absoluto (1982), Alfabeto del mundo (1986), Partitura de la cigarra (1999), Papiros amorosos (2002).

Auszeichnungen (Auswahl): Nationaler Preis für Literatur(1998), Internationaler Preis Octavio Paz de Poesía y Ensayo (2004).

Vicente Luis Mora (n.1970 Córdoba, España) es crítico literario y gestor cultural. Los centros de gravedad de su lírica son el lenguaje y la angustia postmoderna. La descripción de pasiones e inercias refleja en su poesía la sociedad contemporánea, encontrándose sus personajes frente al impacto de las tecnologías y medios de comunicación.

Publicaciones (Selección): Mester de cibervía (2000), Nova (2003), Autobiografía. Novela de terror (2003), Construcción (2005), Subterráneos (2006), Singularidades (2006).

Galardones (Selección): Certamen Andalucía Joven de Narrativa del Instituto Andaluz de la Juventud (2005), Arcipreste de Hita.

Vicente Luis Mora (*1970 in Córdoba, Spanien) ist Literaturkritiker und Kulturveranstalter. Im Mittelpunkt seiner Lyrik stehen die Sprache und die postmoderne Beklemmung. Die Beschreibung von Leidenschaft und Trägheit spiegeln in seiner Poesie die zeitgenössische Gesellschaft wider, wobei die Figuren einem wachsenden Wirkungsbereich von Technologien und Kommunikationsmitteln gegenüberstehen.

Veröffentlichungen (Auswahl): Mester de cibervía (2000), Nova (2003), Autobiografía. Novela de terror (2003), Construcción (2005), Subterráneos (2006), Singularidades (2006).

Auszeichnungen (Auswahl): Andalucía Joven-Wettbewerb für Prosa am Instituto Andaluz de la Juventud (2005), Arcipreste de Hita-Preis.

Fabio Morábito (n.1955 Alejandría, de padres italianos, y vive desde 1970 en México). Su obra se caracteriza por la transparencia del lenguaje que utiliza, por su claridad y por el halo misterioso que envuelve las atmósferas que recrea. En «También Berlín se olvida» describe su estancia en Berlín en el marco de un programa para artistas del Servicio Alemán de Intercambio Académico (DAAD). *Publicaciones (Selección)*: *Poesía*: Lotes baldíos (1985), De lunes todo el año (1992), Alguien de lava (2002). *Narrativa*: La lenta furia (1989, 2002), La vida ordenada (2000), También Berlín se olvida (2004), Grieta de fatiga (2006). *Galardones (Selección)*: Premio Carlos Pellicer de poesía (1985), Premio nacional Aguascalientes de poesía (1992).

Fabio Morábito (*1955 in Alexandrien, italienische Eltern, lebt seit 1970 in Mexiko). Sein Werk zeichnet sich durch sprachliche Transparenz, Klarheit und eine geheimnisvolle Aura aus, welche die nachgeahmten Atmosphären umgibt. In "También Berlín se olvida" beschreibt er seinen Aufenthalt in Berlin im Rahmen des Berliner Künstlerprogramms des DAAD. *Veröffentlichungen (Auswahl)*: *Lyrik*: Lotes baldíos (1985), De lunes todo el año (1992), Alguien de lava (2002). *Prosa*: La lenta furia (1989, 2002), La vida ordenada (2000), También Berlín se olvida (2004), Grieta de fatiga (2006). *Auszeichnungen (Auswahl):* Carlos Pellicer-Lyrikpreis (1985), Nationaler Lyrikpreis Aguascalientes (1992).

Carmen Ollé (n.1947 Lima, Perú) escribe poesía, crítica y novela. Su lírica explora el ser como sujeto de suciedad y limpieza con un lenguaje que va de lo abstracto al extremismo confidencial más irritante, manifestando a la vez una unión social con el idioma como objeto de una intervención creativa. La voz habla de la experiencia humana, caracterizada por una inmensa ansiedad. *Publicaciones (Selección)*: Noches de adrenalina (1981), Todo orgullo humea la noche (1987), ¿Por qué hacen tanto ruido? (1992), Las dos caras del deseo (1994), Pista falsa (1999), Una muchacha bajo su paraguas (2002), Poemas en formato CD Rom y audio (2004). *Galardones (Selección)*: Medalla a mujeres líderes en honor a su trayectoria literaria por la Municipalidad de Miraflores (Lima) (1998), 2do puesto en el VI Concurso de Cuento latinoamericano Magda Portal con el relato "Buscando a Vera" (2003).

Carmen Ollé (*1947 in Lima, Peru) schreibt Gedichte, Kritiken und Romane. Ihre Lyrik erkundet das Sein als ein Subjekt von Schmutz und Reinheit. Sie verwendet hierfür eine Sprache, die vom Abstrakten hin zu einem äußerst irritierenden vertraulichen Extremismus reicht, damit wird gleichzeitig eine gesellschaftliche Verbindung mit Sprache als Objekt kreativer Eingriffe aufgezeigt. Das lyrische Ich spricht von der menschlichen Erfahrung, die sich durch eine unermessliche Beklemmung charakterisiert.

Veröffentlichungen (Auswahl): Noches de adrenalina (1981), Todo orgullo humea la noche (1987), ¿Por qué hacen tanto ruido? (1992), Las dos caras del deseo (1994), Pista falsa (1999), Una muchacha bajo su paraguas (2002), Gedichte als CD Rom und Audio-CD (2004).

Auszeichnungen (Auswahl): Verdienstmedaille für führende Frauen im Bereich der Literatur, Municipalidad de Miraflores (Lima) (1998), 2. Preis beim VI. Concurso de Cuento latinoamericano Magda Portal mit der Erzählung "Buscando a Vera" (2003).

Ana María Rodas (n.1937 Ciudad de Guatemala, Guatemala), poeta, narradora y ensayista, es considerada una de las grandes figuras latinoamericanas de la literatura de mujeres. En su poesía sensual o acre, pero perdurable, denuncia la hipocresía de la opresión. Con su poemario "Poemas de la izquierda erótica" escandalizó a la sociedad pacata y convencional y llevó al plano humano más íntimo la cuestión de la libertad.

Publicaciones (Selección): Poemas de la izquierda erótica (1973), Cuatro esquinas del juego de una muñeca (1975), El fin de los mitos y los sueños (1984), La insurrección de Mariana (1993).

Galardones (Selección): Premio Libertad de Prensa (1974), Primer Premio en el Certamen de Cuento de Juegos Florales de México y Centro América (1990), Premio Nacional de Literatura "Miguel Angel Asturias" (2000).

Ana María Rodas (*1937 in Guatemala Stadt, Guatemala), Dichterin, Erzählerin und Essayistin zählt zu den lateinamerikanischen Größen der Frauenliteratur. In ihrer sinnlichen oder herben doch immer beständigen Poesie klagt sie die Scheinheiligkeit der Unterdrückung an. Mit ihrem Gedichtband "Poemas de la izquierda erótica" schockierte sie die ruhige und konventionelle Gesellschaft und trug das Thema der Freiheit auf die intimste menschliche Ebene.

Veröffentlichungen (Auswahl): Poemas de la izquierda erótica (1973), Cuatro esquinas del juego de una muñeca (1975), El fin de los mitos y los sueños (1984), La insurrección de Mariana (1993).
Auszeichnungen (Auswahl): Libertad de Prensa-Preis (1974), 1. Platz im Erzählwettbewerb der Juegos Florales in Mexiko und Zentralamerika (1990), Nationaler Preis für Literatur "Miguel Angel Asturias" (2000).

Armando Romero (n.1944 Cali, Colombia) Perteneció al nadaismo colombiano, un movimiento vanguardista cercano al surrealismo y la poesia beatnik. Su lírica oscila entre lo onirico del viaje interior y la realidad directa de la experiencia del viajero. La poesía es palpable y a través de ella el poeta comparte con el lector un mundo único y valioso en el cual se disuelven las fronteras de las formas para favorecer una comunicación poética abierta.
Publicaciones (Selección): El Demonio y su mano (1975), Las Combinaciones debidas (1989), A rienda suelta (1991), La esquina del movimiento (1992), Un día entre las cruces (1995), La piel por la piel (1997), Hagion Oros-El monte Santo (2001), La rueda de Chicago (2004), A vista del tiempo (2005).
Galardones (Selección): Primer premio de poesia del Estado Merida, Venezuela (1976), Rievschel Award, University of Cincinnati (1998), Latino Book Award, New York (2005).

Armando Romero (*1944 in Cali, Kolumbien) war Mitglied des kolumbianischen Nadaismus, eine avantgardistische Bewegung, die dem Surrealismus und der Beatnik-Poesie nahe steht. Seine Lyrik schwankt zwischen dem Traumzustand der inneren Reise und der direkten Realität der Erfahrung des Reisenden. Die Poesie ist fühlbar, durch sie teilt der Dichter mit dem Leser eine einzigartige, kostbare Welt, in der die Grenzen der Formen verschwimmen, um eine offene poetische Kommunikation zu ermöglichen.
Veröffentlichungen (Auswahl): El Demonio y su mano (1975), Las Combinaciones debidas (1989), A rienda suelta (1991), La esquina del movimiento (1992), Un día entre las cruces (1995), La piel por la piel (1997), Hagion Oros-El monte Santo (2001), La rueda de Chicago (2004), A vista del tiempo (2005).
Auszeichnungen (Auswahl): 1. Preis für Lyrik im Estado Merida, Venezuela (1976), Rievschel Award, University of Cincinnati (1998), Latino Book Award, New York (2005).

Raúl Zurita (n.1950 Santiago de Chile, Chile) ha manifestado su protesta política contra el régimen de Pinochet, entre otras cosas, en forma de proyecciones espaciales, escribiendo poemas de humo blanco en el cielo de Nueva York o arañando versos como heridas en el desierto de Atacama. En su poesía se manifiesta un grito desgarrador que oscila entre un descontento del subjeto y un desacuerdo con la historia.

Publicaciones (Selección): Purgatorio (1979), Anteparaíso (1982), Canto a su amor desaparecido (1985), La vida nueva (1993 / 1994), Poemas militantes (2000), Sobre el amor y el sufrimiento (2000), INRI (2003), Mi mejilla es el cielo estrellado (2004).

Galardones (Selección): Beca Guggenheim (1984), Premio Pablo Neruda (1989), Premio Pericles (Italia) (1995), Premio Nacional de Literatura (2000), Beca DAAD (Alemania) (2002), Premio José Lezama Lima (Cuba) (2006).

Raúl Zurita (*1950 in Santiago de Chile, Chile) brachte seinen politischen Protest gegenüber dem Pinochet-Regime u.a. in Raumprojektionen zum Ausdruck, indem er Gedichte aus weißem Rauch in den New Yorker Himmel schrieb oder Verse als "Wunden" in die Wüste von Atacama ritzte. Seine Lyrik stellt einen herzzerreißenden Aufschrei dar, der zwischen einer Unzufriedenheit des Subjekts und einer Missbilligung der Geschichte schwankt.

Veröffentlichungen (Auswahl): Purgatorio (1979), Anteparaíso (1982), Canto a su amor desaparecido (1985), La vida nueva (1993 / 1994), Poemas militantes (2000), Sobre el amor y el sufrimiento (2000), INRI (2003), Mi mejilla es el cielo estrellado (2004).

Auszeichnungen (Auswahl): Guggenheim-Stipendium (1984), Pablo Neruda-Preis (1989), Pericles-Preis (Italien) (1995), Nationaler Preis für Literatur (2000), DAAD-Stipendium (Deutschland) (2002), José Lezama Lima-Preis (Cuba) (2006).

Nico Bleutge (*1972 in München, Deutschland), Lyriker, Essayist, Literaturkritiker. Seine Gedichte sind optische Apparaturen, die im Wechselspiel von menschlichem Blick und Landschaften den ständigen Aufbau und Zerfall von Ordnung beobachten. Die Natur spiegelt Augenblicke von Zeitlichkeit, Zufälligkeit und Gebrechlichkeit wider.

Veröffentlichungen (Auswahl): Jahrbuch der Lyrik 2006 (mit Gedichten von Nico Bleutge 2005), klare konturen. Gedichte (2006).

Auszeichnungen (Auswahl): open mike der Literaturwerkstatt Berlin (2001), Wolfgang-Weyrauch-Preis beim literarischen März (2003), Förderpreis der Hermann-Lenz-Stiftung (2006).

Nico Bleutge (1972, Múnich, Alemania) lírico, ensayista y crítico literario. Sus poemas son aparatos ópticos que observan la construcción y el desmoronamiento continuo del orden en la interacción de la mirada humana y el paisaje. La naturaleza refleja instantes temporales, casuales y frágiles.

Publicaciones (Selección): Jahrbuch der Lyrik 2006 (con poemas de Nico Bleutge 2005), klare konturen. Poemario (2006).

Galardones (Selección): open mike de Literaturwerkstatt Berlín (2001), Premio Wolfgang-Weyrauch en "literarischer März" (2003), Premio de Promoción Fundación Hermann-Lenz (2006).

Helwig Brunner (*1967 in Istanbul, lebt in Österreich) hat sich als sensibler Naturlyriker präsentiert, der in seiner literarischen Arbeit häufig Querverbindungen zu Musik und Naturwissenschaften herstellt. Die hier vorgestellten Gedichte zu Musikstücken entstanden im Rahmen des spartenübergreifenden Kunstprojektes TON_SATZ in Graz (siehe hierzu auch Lose Blätter, Zeitschrift für Literatur, Heft 36).

Veröffentlichungen (Auswahl): Gehen, schauen, sagen. Gedichte (2002), Aufzug oder Treppe. Gedichte, Anagramme (2002), grazer partituren. Gedichte (2004), Rattengift. Erzählungen (2006), Nachspiel. Roman (2006).

Auszeichnungen (Auswahl): Literaturförderungspreis der Stadt Graz (1993), 1. Preis beim Essay-Wettbewerb der Akademie Graz (1999), Ernst Meister-Förderpreis für Lyrik der Stadt Hagen (2001), Autorenprämie des österr. Bundeskanzleramtes (2003).

Helwig Brunner (1967, Estambúl, reside en Austria) se presenta como lírico de la naturaleza de gran sensibilidad que a menudo crea en su trabajo literario conexiones transversales con la música y la ciencia. Los poemas dedicados a piezas de música aquí presentados se crearon en el marco del proyecto de arte multidisciplinario "TON_SATZ" en Graz (Sonido_Oración) (ver también: "Lose Blätter", Revista de Literatura, número 36).

Publicaciones (Selección): Gehen, schauen, sagen. Poemario (2002), Aufzug oder Treppe. Poemario, Anagramas (2002), grazer partituren. Poemario (2004), Rattengift. Cuentos (2006), Nachspiel. Novela (2006).

Galardones (Selección): Premio de Promoción Literaria de la ciudad de Graz (1993),Primer Premio en el Concurso de Ensayos de la Academia de Graz (1999), Premio de Promoción de Lírica Ernst Meister de la ciudad de Hagen (2001), Premio de Autores de la Cancillería de Austria (2003).

Ulrike Draesner (*1962 in München, Deutschland) ist Schriftstellerin, Übersetzerin sowie Essayistin. Sie arbeitet an intermedialen Projekten und Hörspielen. Ihre körperbetonte Verssprache charakterisiert sich durch unerhörte Töne, gewagte Bilder, Brechungen und intensive Gefühle zugleich. Die Lyrik zeugt von musikalischer Intensität, Rhythmus und sinnlicher Sprache.

Veröffentlichungen (Auswahl): *Gedichtbände*: gedächtnisschleifen (1997), für die nacht geheuerte zellen (2001), kugelblitz (2005). *Romane und Erzählungen*: Mitgift (2002), Hot Dogs (2004), Spiele (2005).

Auszeichnungen (Auswahl): Förderpreis zum Leonce-und Lena Preis (1995), Bayerischer Staatsförderpreis für Literatur (1997), foglio-Preis Literatur (1997), Hölderlin-Förderpreis (2001), Preis der Literaturhäuser (2002), Droste-Preis (2006).

Ulrike Draesner (1962, Múnich, Alemania) escritora, traductora y ensayista. Trabaja en proyectos intermediales y piezas radiofónicas. El lenguaje corporal de sus versos se caracteriza al mismo tiempo por sonidos inauditos, imágenes aventuradas, refracciones y sensaciones intensas. La lírica evidencia intensidad musical, ritmo y lenguaje sensual.

Publicaciones (Selección): *Poemarios*: gedächtnisschleifen (1997), für die nacht geheuerte zellen (2001), kugelblitz (2005). *Novelas y Cuentos*: Mitgift (2002), Hot Dogs (2004), Spiele (2005).

Galardones (Selección): Premio de Promoción Leonce und Lena (1995), Premio de Promoción Literaria Estatal de Baviera (1997), Premio foglio de Literatura (1997), Premio de Promoción Hölderlin (2001), Premio de las Literaturhäuser (2002), Premio Droste (2006).

Gerhard Falkner (*1951 in Schwabach, Deutschland) Lyriker, Dramatiker, Übersetzer, Essayist und Herausgeber. Seine Gedichte interagieren dialektisch zwischen formaler Strenge und dem sprachlichen Experiment. In ihrer Wortgewalt und der Unverwechselbarkeit ihres Tons sind sie geprägt von sozialer Schärfe und existenzieller Spannung. Falkner schafft es mit bewundernswerter Leichtigkeit selbst komplizierteste Sprachräume und äußerst zeitnahe Bezüge mit Leben zu füllen.
Veröffentlichungen (Auswahl): Berlin - Eisenherzbriefe (1986), wemut (1989), X-te Person Einzahl (1996), Voice an Void. The poetry of Gerhard Falkner (1998), Endogene Gedichte (2000), Gegensprechstadt – ground zero (2005).
Auszeichnungen (Auswahl): Bayerischer Staatsförderpreis (1987), Villa Massimo (Casa Baldi), Schloß Wiepersdorf (Mark Brandenburg), Schloß Solitude in Stuttgart (2003), Schillerpreis (2004), Spycher Literaturpreis der Schweiz (2006).

Gerhard Falkner (1951, Schwabach, Alemania) lírico, dramaturgo, traductor, ensayista y editor. Sus poemas interactúan dialécticamente entre el rigor formal y el experimento lingüístico. La gran fuerza verbal y su inconfundible tono están impregnados de agudeza social y tensión existencial. Falkner consigue con admirable facilidad llenar de vida incluso los espacios lingüísticos más complicados y las relaciones de máxima actualidad.
Publicaciones (Selección): Berlin - Eisenherzbriefe (1986), wemut (1989), X-te Person Einzahl (1996), Voice an Void. The poetry of Gerhard Falkner (1998), Endogene Gedichte (2000), Gegensprechstadt – ground zero (2005).
Galardones (Selección): Premio de Promoción Estatal de Baviera (1987), Villa Massimo (Casa Baldi), Schloß Wiepersdorf (Mark Brandenburg), Schloß Solitude en Stuttgart (2003), Premio de Schiller (2004), Premio de Literatura Spycher de Suiza (2006).

Eugen Gomringer (*1925 in Cachuela Esperanza, Bolivien) zählt zu den bedeutendsten Autoren der deutschen Gegenwartsliteratur und gilt als Initiator und prominentester Vertreter der Konkreten Poesie. In seinen Gedichten, die mit der Materialität der Schrift und des Schriftbildes spielen, folgt er der abstrakten, konstruktiven Malerei seiner Zeit.
Veröffentlichungen (Auswahl): Konstellationen, constelaciones, constellations (1953), 33 Konstellationen (1960), Visuelle Poesie (1996), Vom Rand nach Innen. Die Konstellationen 1951 – 1995 (1999), Dabei sein, mittun. (2000), Zur Sache der Konkreten (2000), Entropie (2001), Grammatische Konfession (2002), Quadrate aller Länder (2006).
Auszeichnungen (Auswahl): Seit 1971 Mitglied der Akademie der Künste, 1995 Honorarprofessur Freistaat Sachsen.

Eugen Gomringer (1925, Cachuela Esperanza, Bolivia) es considerado uno de los autores más significativos de la literatura alemana contemporánea, así como iniciador y representante más prominente de la Poesía Concreta. En sus poemas, en los que juega con la materialidad de la letra y la escritura, sigue la pintura abstracta y constructiva de su tiempo.
Publicaciones (Selección): Konstellationen, constelaciones, constellations (1953), 33 Konstellationen (1960), Visuelle Poesie (1996), Vom Rand nach Innen. Die Konstellationen 1951 – 1995 (1999), Dabei sein, mittun. (2000), Zur Sache der Konkreten (2000), Entropie (2001), Grammatische Konfession (2002), Quadrate aller Länder (2006).
Galardones (Selección): Desde 1971 es miembro de la Academia de Bellas Artes, y en 1995 obtuvo el doctorado Honoris Causa en el Estado Libre de Sajonia.

Harald Hartung (*1932 in Herne, Deutschland) ist Dichter, Herausgeber, Essayist, Romanautor und Kritiker. Er bearbeitet in seiner Lyrik Themen wie den körperlichen Verfall, Kindheitserinnerungen und Krankheit mit ungewöhnlich klaren Bildern sowie feinen Wendungen zwischen Trauer und Komik. Sein lyrischer Realismus charakterisiert sich durch Schärfe, Lakonik und Ironie.
Veröffentlichungen (Auswahl): Luftfracht. Internationale Poesie 1940-1990. Anthologie (1991), Jahre mit Windrad. Gedichte (1996), Langsamer träumen.

Gedichte (2002), Aktennotiz meines Engels. Gedichte 1957-2004 (2005).
Auszeichnungen (Auswahl): Annette-von-Droste-Hülshoff-Preis (1989), Internationaler Literaturpreis Ruffino Antico Fattore (1999), Liliencron-Dozentur (Kiel) (2001), Preis der Frankfurter Anthologie (2002), Würth-Literaturpreis (2003).

Harald Hartung (1932, Herne, Alemania) poeta, editor, ensayista, novelista y crítico. En su lírica trata temas como el decaimiento del cuerpo, recuerdos de infancia y enfermedad, utilizando imágenes extraordinariamente diáfanas y sutiles giros entre la tristeza y lo cómico. Su realismo lírico se caracteriza por la agudeza, el laconismo y la ironía.
Publicaciones (Selección): Luftfracht. Internationale Poesie 1940-1990. Anthologie (1991), Jahre mit Windrad. Poemario (1996), Langsamer träumen. Poemario (2002), Aktennotiz meines Engels. Poemario 1957-2004 (2005).
Galardones (Selección): Premio Annette-von-Droste-Hülshoff (1989), Premio Literario Internacional Ruffino Antico Fattore (1999), Cátedra „Liliencron" (Kiel) (2001), Premio de la Frankfurter Anthologie (2002), Premio Literario Würth (2003).

Johannes Jansen (*1966 in Berlin, DDR) zählt zu den bemerkenswertesten Stimmen seiner Generation. Er verfasst traumwandlerische Kürzesttexte, die von Expressivität und lautmalerischer Finesse gekennzeichnet sind. „Jansen verwandelt das Leben in einen künstlerischen Akt. Das ist seine Kunst." (Magenau 2005).
Veröffentlichungen (Auswahl): Kleines Dickicht (1995), Verfeinerung der Einzelheiten. Erzählung (2001), Dickicht. Anpassung. Texte 1995 – 2001 (2002), Halbschlaf. Tag Nacht Gedanken (2005), Bollwerk. Vermutungen (2006).
Auszeichnungen (Auswahl): Anna-Seghers-Preis (1990), Preis des Landes Kärnten beim Ingeborg-Bachmann-Wettbewerb (1996), Ehrengabe der Deutschen Schiller-Stiftung (1997).

Johannes Jansen (1966, Berlín, RDA) es una de las voces más notables de su generación. Escribe brevísimos textos "sonámbulos" que se caracterizan por su expresividad y sutileza onomatopéyica. "Jansen convierte la vida en un acto artístico. Este es su arte." (Magenau 2005).

Publicaciones (Selección): Kleines Dickicht (1995), Verfeinerung der Einzel-heiten. Cuentos (2001), Dickicht. Anpassung. Texte 1995 – 2001 (2002), Halb-schlaf. Tag Nacht Gedanken (2005), Bollwerk. Vermutungen (2006).

Galardones (Selección): Premio Anna-Seghers (1990), Premio del Estado Federal de Kärnten en el Concurso Ingeborg-Bachmann (1996), Homenaje de la Deutsche Schiller-Stiftung (1997).

Gregor Laschen (* 1941 in Ückermünde, Deutschland) Lyriker und Herausge-ber der Reihe „Poesie der Nachbarn" bis 2004 (17 Bände). Seine Poesie ist Medium von Schriftbildern, Zeugnis einer sprachbewußten Verwandlung von Natur und Zivilisation in Dichtung. Die Verse sind dunkel sowie hermetisch geheimnisvoll und gewähren einen verstörenden Einblick in das Sein und die Objekte der Natur und der Gesellschaft.

Veröffentlichungen (Auswahl): Jammerbugt-Notate (1995), Schönes Babylon. Gedichte aus Europa in 12 Sprachen (1999), Die Leuchttürme tun was sie können (2004).

Auszeichnungen (Auswahl): Peter-Huchel-Preis (1996), Ehrengabe der Deut-schen Schillergesellschaft (2004), Mitglied des PEN-Zentrums Deutschland und der Niederlande.

Gregor Laschen (1941, Ückermünde, Alemania) lírico y editor de la colección „Poesie der Nachbarn" (Poesía de los vecinos) hasta 2004 (17 volúmenes). Su poesía es mediadora de imágenes escritas, testimonio de una conversión lingüísticamente consciente de la naturaleza y la civilización en poesía. Los versos son tanto oscuros como misteriosamente herméticos y permiten lanzar una turbadora mirada al ser y a los objetos de la naturaleza y la sociedad.

Publicaciones (Selección): Jammerbugt-Notate (1995), Schönes Babylon. Poemas Europeos en 12 Idiomas (1999), Die Leuchttürme tun was sie können (2004).

Galardones (Selección): Premio Peter-Huchel (1996), Homenaje de la Deut-sche Schillergesellschaft (2004), Miembro del Club PEN en Alemania y los Países Bajos.

Monika Rinck (*1969, Zweibrücken, Deutschland), studierte Religionswissenschaft, Geschichte und Vergleichende Literaturwissenschaft in Bochum, Berlin und Yale. In ihrem Begriffsstudio (www.begriffsstudio.de) versammelt sie sprachlich überraschende Fundstücke, logische Verhaspler und pointierte Neologismen, die ihr der Diskurs zuspielt und verknüpft dabei Abstraktion mit Konkretion.

Veröffentlichungen (Auswahl): Das Begriffsstudio (2001), Verzückte Distanzen (2004), Fumbling with matches – Herumfingern an Gleichgesinnten (2005).

Auszeichnungen (Auswahl): Förderpreis zum Kunstpreis Rheinland-Pfalz (2004), Förderpreis Literatur des Kulturkreises der deutschen Wirtschaft BDI (2006).

Monika Rinck (1969, Zweibrücken, Alemania) estudió Teología, Historia y Literatura Comparada en Bochum, Berlín y Yale. En su „Begriffsstudio", (Estudio de conceptos) *www.begriffsstudio.de*, reúne hallazgos lingüísticamente sorprendentes, atascos idiomáticos lógicos y neologismos de efecto inesperado que le facilita su discurso y enlaza a la vez abstracción con concreción.

Publicaciones (Selección): Das Begriffsstudio (2001), Verzückte Distanzen (2004), Fumbling with matches – Herumfingern an Gleichgesinnten (2005).

Galardones (Selección): Premio de Promoción del Premio de las Artes Rheinland-Pfalz (2004), Premio de Promoción Literaria del Kulturkreis der deutschen Wirtschaft BDI (2006).

Frank Schablewski (*1965 in Hannover, Deutschland) hat Kunst und Literatur in Düsseldorf studiert, später auch Tanz, wovon seine Gedichte für Tanzstücke zeugen. In seiner Lyrik setzt er sich beinahe elegisch mit kulturellen, historischen aber auch mythologischen Dimensionen erweiterter Landschaften auseinander. Seine Gedichte sind durch einleuchtende Funde und Wendungen bestimmt und nicht zuletzt durch einen subtilen Humor.

Veröffentlichungen (Auswahl): Süßholzköpfe (1998), Lauffeuerpausen (1999, 2001), Wasserfelle (2001), Mauersegler (2002, 2005), Eros Ionen (2003), Nebengeräusche (2005).

Auszeichnungen (Auswahl): Publikumspreis beim 1. Düsseldorfer Dichter-

preis (1995), Amsterdam-Stipendium (2001), Stipendium: Künstlerdorf Schöppingen (2002), Förderpreis für Literatur der Stadt Düsseldorf (2003).

Frank Schablewski (1965, Hannover, Alemania) estudió Literatura y Bellas Artes en Düsseldorf, posteriormente Danza, como atestiguan sus poemas escritos para piezas de danza. En su lírica se ocupa de manera casi elegíaca de las dimensiones culturales e históricas, pero también mitológicas, de paisajes amplificados. Sus poemas se caracterizan por convincentes hallazgos y modismos, y además por un humor sutil.

Publicaciones (Selección): Süßholzköpfe (1998), Lauffeuerpausen (1999, 2001), Wasserfelle (2001), Mauersegler (2002, 2005), Eros Ionen (2003), Nebengeräusche (2005).

Galardones (Selección): Premio del Público en el Primer Premio de Poesía de Düsseldorf (1995), Beca en Amsterdam (2001), Beca en el Künstlerdorf Schöppingen (2002), Premio de Promoción Literaria de la ciudad de Düsseldorf (2003).

Christian Uetz (*1963 in Egnach, Schweiz) gilt als Sprachakrobat und großartiger Performer. Seine Verse, voller Erotik und Explosivität, entzünden einen verbalen Existenzfuror. Die Leidenschaft ist in seiner Lyrik nicht nur Wort, sondern sind die Worte Leidenschaft. Uetz neuste Texte werden als schamanischer Wörterzauber bezeichnet, er, als feinsinniger Sprachwerker.
Veröffentlichungen (Auswahl): Luren (1993), Reeden (1994), Nichte (1998), Zoom Nicht (1999), Nichte und andere Gedichte (1999), Don San Juan (2002), Das Sternbild versingt (2004).
Auszeichnungen (Auswahl): 3sat-Preis im Rahmen des Ingeborg-Bachmann-Preises.

Christian Uetz (1963, Egnach, Suiza) es considerado un acróbata del lenguaje y un excelente *performer*. Sus versos, cargados de erotismo y explosividad, desatan un furor verbal de corte existencial. La pasión en su lírica no es únicamente literal sino que las palabras son pasión. Los textos más recientes de Uetz se califican como magia de palabras chamánica y a él, como artesano de lenguaje refinado.
Publicaciones (Selección): Luren (1993), Reeden (1994), Nichte (1998), Zoom

Nicht (1999), Nichte und andere Gedichte (1999), Don San Juan (2002), Das Sternbild versingt (2004).
Galardones (Selección): Premio 3sat en el marco del Premio Ingeborg-Bachmann.

Elisabeth Wandeler-Deck (*1939 in Zürich, Schweiz) lebt als freie Schriftstellerin, Musikerin und Gestaltanalytikerin in Zürich. Ihre Auseinandersetzung mit Musikprojekten spiegelt sich in der ausgeprägten Lautlichkeit ihrer Dichtung wider. Räume und Landschaften fließen ineinander in einer Lyrik, die sich der Rhythmizität und Sinnlichkeit der Sprache hingibt.
Veröffentlichungen (Auswahl): Von einem Schiff zu singen (1999), contrabund (2001), hängend (2002), Piraten: haitianische Topographien (2004), (Gelächter über dem linken Fuß) (2006).
Auszeichnungen (Auswahl): Literaturpreis Sama Jubiläumsstiftung (1990), 2. Preis (Preis des Bundeskanzleramtes) Floriana (1998), Innerschweizer Literaturpreis (1999), Werkbeitrag Pro Helvetia (2000), Werkbeitrag Stadt Zürich (2004).

Elisabeth Wandeler-Deck (1939, Zúrich, Suiza) reside como escritora *freelance*, música y analista estructural en Zúrich. Su trabajo con proyectos musicales se refleja en su poesía, de marcado carácter onomatopéyico. Espacios y paisajes fluyen unidos en una lírica dedicada al ritmo y a la sensualidad del idioma.
Publicaciones (Selección): Von einem Schiff zu singen (1999), contrabund (2001), hängend (2002), Piraten: haitianische Topographien (2004), (Gelächter über dem linken Fuß) (2006).
Galardones (Selección): Premio Literario Sama Jubiläumsstiftung (1990), Segundo Premio en el Premio de la Cancillería, Floriana (1998), Innerschweizer Literaturpreis (1999), Trabajo de Contribución Pro Helvetia (2000), Trabajo de Contribución ciudad de Zurich (2004).

Los editores / Herausgeber

Aurélie Maurin, geb.1975 in Paris, Studium der Literaturwissenschaft und Linguistik, 2001 Mitarbeiterin in der Literaturagentur *Imrie und Dervis* in London, 2002-2003 Dozentin am Institut Français Berlin, 2004 Stipendium für junge Literaturübersetzer (Frankfurter Buchmesse, BIEF Paris und Literarisches Colloquium), seit 2002 Projektleiterin bei der Literaturwerkstatt Berlin. Freie Kulturmanagerin, Übersetzerin und Musikerin. Pressearbeit und Organisation für verschiedene Autoreninitiativen und Zeitschriften (u.a lauter niemand, la mer gelée, la gazette de berlin)

Aurélie Maurin, n. 1975 en Paris, estudió Literatura y Lingüística, 2001 colaboradora en la Agencia Literaria *Imrie & Dervis* en Londres, 2002 – 2003 profesora en el Institut Français Berlín, 2004 Beca de Traductores Literarios Jóvenes (Frankfurter Buchmesse, BIEF Paris y Literarisches Colloquium), desde 2002 Dirección de proyectos en la Literaturwerkstatt Berlín. Además gerente cultural *freelance*, traductora y música. Servicios de prensa y organización de varias iniciativas de autores y revistas (entre otras: lauter niemand, la mer glelée, la gazette de berlin).

Dr. Thomas Wohlfahrt, geb. 1956 in Eisenach, Studium der Germanistik und Musik, Promotion zu Georg Büchner, seit 1991 Gründungsdirektor der Literaturwerkstatt Berlin, Konzeption und Gesamtleitung von „Literatur Express Europa 2000", das „Poesiefestival Berlin", die weltweit erste Ausstellung zur digitalen Poesie „p0es1s" sowie das Filmfestival „Zebra-Poetryfilm-Award" . Er kuratiert und berät verschiedene Literaturfestivals im In- und Ausland und arbeitet in diversen Jury zu Literatur und Film mit. Wohlfahrt ist Autor oder Herausgeber verschiedenster Publikationen.

Dr. Thomas Wohlfahrt, n. 1956 en Eisenach, estudió Germánicas y Música, escribió su tesis doctoral sobre Georg Büchner, desde 1991 Fundador y Director de la Literaturwerkstatt Berlín, concepción y Dirección General de www.lyrikline.org, "Literatur Express Europa 2000", el Festival de Poesía de Berlín, fundador de la primera exposición en el mundo sobre poesía digital "p0es1s" como también del Festival de cine "Zebra-Poetryfilm-Award". Es consejero de diversos Festivales de Literatura dentro y fuera del país y trabaja además en diversos jurados de literatura y cine. Wohlfahrt es autor y editor de diversas publicaciones.

Frank Schablewski
„Engelkadaver"
Aus: Eros Ionen
© Rimbaud Verlag, Aachen 2003

„Zweigställe"
Aus: Wasserfelle
© Rimbaud Verlag, Aachen 2001

Monika Rinck
Aus: Verzückte Distanzen. Gedichte.
© zu Klampen Verlag, Springe 2004

Christian Uetz
aus: Das Sternbild versinkt
© Suhrkamp, 2004

Antonio Gamoneda
"Busco tu piel inconfesable..."
Aus: Libro del Frío
© Ediciones Siruela, Madrid 2003.

"Siento el crepúsculo en mis manos..."
Aus: Arden las pérdidas
© Tusquets Editores, Barcelona 2004.

Clara Janés
Aus: La indetenible quietud
© Boza, Barcelona 1998

Eduardo Milán
Aus: Unas palabras sobre el tema
© Umbral, Méjico 2005

Eugenio Montejo
"Los árboles"
Aus: Tiempo transgurado (Antología poética), Universidad de Carabobo, Venezuela
2002

Pablo Morábito
Aus: Alguien de lava,
© Ediciones Era: Conaculta, Méjico 2002.

Frank Schablewski
„Engelkadaver"
Aus: Eros Ionen
© Rimbaud Verlag, Aachen 2003

„Zweigställe"
Aus: Wasserfelle
© Rimbaud Verlag, Aachen 2001

Monika Rinck
Aus: Verzückte Distanzen. Gedichte.
© zu Klampen Verlag, Springe 2004

Christian Uetz
aus: Das Sternbild versinkt
© Suhrkamp, 2004

Antonio Gamoneda
"Busco tu piel inconfesable..."
Aus: Libro del Frío
© Ediciones Siruela, Madrid 2003.

"Siento el crepúsculo en mis manos..."
Aus: Arden las pérdidas
© Tusquets Editores, Barcelona 2004.

Clara Janés
Aus: La indetenible quietud
© Boza, Barcelona 1998

Eduardo Milán
Aus: Unas palabras sobre el tema
© Umbral, Méjico 2005

Eugenio Montejo
"Los árboles"
Aus: Tiempo transgurado (Antología poética), Universidad de Carabobo, Venezuela
2002

Fabio Morábito
Aus: Alguien de lava,
© Ediciones Era: Conaculta, Méjico 2002.

Ana María Rodas
Aus: El fin de los mitos y los sueños
© Editorial Rin-78, Guatemala 1984

Armando Romero
"Strip-tease"
Aus: A rienda suelta, Ultimo Reino, Buenos Aires 1991
"Trabajos del poeta"
Aus: De noche el sol
© Eafit Publishing House, Medellín 2004.

Raúl Zurita
Aus: INRI
© Visor, Madrid

Liste der Übersetzer und Dolmetscher

Die Interlinearübersetzungen wurden angefertigt von:
Isabel Aguirre Siemer // Timo Berger // Juana Burghardt // Tobias
Burghardt // Teresa Delgado // Odile Kennel // Ariel Magnus // Cecilia
Pavòn // Susana Romano

Dolmetscher :

Timo Berger: Johannes Jansen – Armando Romero
Juana Burghardt: Nico Bleutge – Vicente Luis Mora
Wolfgang Hamdorf: Elisabeth Wandeler-Deck – Eduardo Milán
Dr. Ulrich Kunzmann: Harald Hartung – Antonio Gamoneda
Fernando Lasarte Prieto: Frank Schablewski – Carmen Ollé
Ariel Magnus: Ulrike Draesner – Fabio Morábito
Christiane Milián: Gregor Laschen – Ana María Rodas
Susana Romano Sued: Helwig Brunner – Eugenio Montejo
Sophia Scherer: Christian Uetz – Juan Antonio Masoliver Ródenas
Martina Walkucz: Eugen Gomringer – Raúl Zurita